U0626419

NO!

跟说"霸凌不"

党博◎著

成都时代出版社
CHENGDU TIMES PRESS

图书在版编目（CIP）数据

跟霸凌说"不" / 党博著. -- 成都：成都时代出版社，2024. 12. -- ISBN 978-7-5464-3565-7

Ⅰ. G474

中国国家版本馆 CIP 数据核字第 2024H1Y426 号

跟霸凌说"不"

GEN BALING SHUO BU

党博　著

出 品 人	达　海
责任编辑	李　林
责任校对	樊思岐
责任印制	黄　鑫　曾译乐
封面设计	荆棘设计
版式设计	范　磊
内文插图	魏新华

出版发行	成都时代出版社
电　　话	（028）86785923（编辑部）
	（028）86615250（发行部）
印　　刷	三河市宏顺兴印刷有限公司
规　　格	165mm×235mm
印　　张	10
字　　数	110千字
版　　次	2024年12月第1版
印　　次	2024年12月第1次印刷
印　　数	1–20000
书　　号	ISBN 978-7-5464-3565-7
定　　价	69.80元

著作权所有·违者必究

本书若出现印装质量问题，请与工厂联系。电话：13503265336

前言

致受伤的小·孩——你不是一座孤岛

"我没有做错什么，但他们却嘲笑我、不理我。"

"我害怕上学，甚至想逃学。"

"……"

这些令人心痛的话，是许多孩子的独白。他们在无声的角落里，承受着不同程度的语言霸凌、肢体霸凌、社交霸凌、财物霸凌、网络霸凌等伤害，却往往因为害怕、羞耻或误解而选择沉默。某教育发展中心的研究揭示了一个令人震惊的事实：64% 的孩子在被霸凌后没有告诉任何人，他们独自承受痛苦，怕被别人看不起而不敢支声。

面对这样的现状，我深感痛心，并深刻认识反霸凌问题的紧迫性与重要性。因此，我决定写这本书，希望能为这些受伤的孩子提供一点儿温暖和支持，帮助他们走出困境，重拾自信。

这是一本适合孩子和家长共同阅读的图文并茂、通俗易懂的反霸凌图书。全书共分为六个章节，以漫画的形式引出孩子最常遇到的霸凌问题，通过"情景小剧场""小小分析园"和"能量加油站"三个版块，深入剖析了霸凌事件的成因，并提供了面对霸凌的实用策略与技巧。内容涵盖识别霸凌、霸凌对身体与心灵的伤害、为何有些人成为被霸凌的目标、应对不同类型霸凌的策略、他人如何帮助你应对霸凌以及如何在霸凌中变得强大等，旨在帮助孩子有效地保护自己。

我衷心希望这本书能成为遭受霸凌之苦的孩子们的坚强后盾。我想告诉所有在霸凌中受到伤害的孩子：你不是一座孤岛！在这个世界上，有很多人愿意帮助你、给你温暖和支持。你的家人、朋友、老师，甚至是那些你从未谋面的陌生人，他们都愿意成为你的灯塔，指引你走出黑暗，迎接光明。

你的存在，就是这个世界的一份美好。不要让霸凌的阴影遮住你的光芒，你值得拥有这个世界温柔以待。让我们一起努力，打破霸凌的枷锁。你会发现，这个世界其实充满了爱和阳光。愿这本书能为你带来勇气和力量，让你在成长的道路上更加坚定和自信。

羡慕

目　录

第一章
识别霸凌：猎豹、鬣狗和羚羊

霸凌中的三个角色：猎豹、鬣狗和羚羊

霸凌，指的是故意伤害他人的行为，并且这种伤害是持续性的。

它通常发生在力量不对等的个体或群体之间。在霸凌行为中，主要存在三种角色：猎豹、鬣狗和羚羊。猎豹，指那些直接欺负他人的人，他们可能单独行动，也可能与其他孩子一起行动；鬣狗，指那些虽然不直接参与欺负行为，但却会帮助猎豹者说话或做事的人；羚羊，指那些被欺负的人。

情景　小剧场

　　小四以其画画特长闻名，然而小唐却对此心生不满。某个周末，在篮球场上，小四意外地遇到了小唐和小明，小唐对小四实施了恶意冲撞，导致小四的左臂不幸骨折。这一不幸事件直接使得小四错失了代表学校参加市里绘画比赛的重要机会，给他带来了身体和心理上的双重伤害。

小小 分析园

　　在故事中，小唐通过言语侮辱和身体攻击，对小四造成了深刻的心理和身体伤害，他正是霸凌行为中的"猎豹"角色，即直接的施暴者。而小明，或因个人私利，或因追求快感，选择帮助小唐对小四施暴，成为这场霸凌的"鬣狗"，即同谋者。小四则不幸地被这两者同时盯上，成为这场霸凌事件中的受害者——"羚羊"。

　　如果小四能在初次遭受欺负时便迅速意识到自己正面临霸凌，并果断地向身边可信赖的人求助，寻求保护和支持，那么后续的一系列不幸或许都能得以避免。因此，意识到自身遭遇霸凌并及时采取行动，对于保护自己的权益和避免进一步的伤害至关重要。

判断自己是否正遭受霸凌的明确迹象：

· 当一个人或一群人持续不断地将你视为攻击目标，无论是无中生有的找茬，还是恶意的挑衅，且这种行为明显是针对你个人而非具体事件时，这便是霸凌的显著特征。

· 若你察觉到自己在社交圈中逐渐被边缘化，感受到孤独与排斥，缺乏真正的朋友和坚定的支持者，这很可能是霸凌行为导致的社交孤立。这种孤立不仅剥夺了你的归属感，还可能进一步加深你的心理创伤。

· 如果你发现自己开始有意识地回避某些日常活动，如上学、参与社交聚会等，仅仅是因为害怕在那里遇到霸凌者，这种心理负担的累积正是霸凌对你生活产生的深远影响。它不仅限制了你的自由，还侵蚀了你的心理健康。

以上迹象提醒我们，要时刻保持警觉，勇于面对并寻求帮助，以摆脱霸凌的阴影。

能量 加油站

故事中，小唐以"猎豹"之姿，肆意霸凌他人；小明则作为"鬣狗"，助纣为虐，为霸凌行为推波助澜；而小四，那个无辜的受害者，如一只在草原上无助挣扎的"羚羊"。在现实生活中，我们每个人都可能面临遭遇"猎豹"或"鬣狗"的风险，那么，若不幸成为那只"羚羊"，我们又该如何保护自己呢？

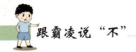
·保持冷静，切勿在情绪激动时回应"猎豹"的攻击，以防事态失控，反而伤害到自己。

·尽量远离"猎豹"与"鬣狗"，特别是避免单独前往他们经常出入的地点，以减少遭遇风险。

·寻求权威的帮助至关重要，无论是向家长、老师还是学校管理人员求助，都是有效的途径。

·若已像小四一样遭受了伤害，务必注意保存证据，详细记录每次被霸凌的时间、地点、参与者等具体情况，这些证据在后续处理中可能起到关键作用。

·请记住，你并不孤单。在这个世界上，有许多人愿意并且能够为你提供帮助和支持。

·将这段不幸的经历视为成长的垫脚石，从中汲取力量，一步步让自己变得更加勇敢和坚强。每一次的挑战都是一次成长的机会，让我们在逆境中绽放更加耀眼的光芒。

五种常见的霸凌类型

　　你知道吗？据联合国教科文组织发布的报告，全球每年有很多儿童和青少年不幸成为校园霸凌的受害者。霸凌的形式多种多样，每一种都足以对受害者造成深深的伤害。尽管每个人所承受的伤害程度可能有所不同，但每一例霸凌事件都值得我们高度关注。

　　接下来，让我们一同深入了解常见的霸凌类型，并学习如何有效地保护自己，避免成为霸凌的受害者。通过增强自我保护意识，我们可以共同努力，营造一个更加安全、和谐的校园环境。

小小 分析园

老师列举的五种霸凌行为，正是校园中最为常见的形式。

这些霸凌形式在现实中往往不会孤立存在，有时会以单一形式出现，但更多时候会相互交织，同时涵盖多种形式。在故事中，小杰对小刚所实施的霸凌行为就是一个典型的例子，它涵盖了上述五种不同的霸凌形式。

小杰毁坏小刚的文具，这一行为属于财物霸凌；他对小刚的嘲笑，则构成了语言霸凌，严重伤害了小刚的自尊心；散播谣言并孤立小刚，这显然是社交霸凌的表现；对小刚的殴打则属于肢体霸凌，直接侵害了小刚的身体安全；最后，小杰还将欺凌的视

9

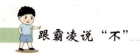
频发到网上炫耀，这一行径属于网络霸凌。这些极大地加剧了霸凌的恶劣影响。

这个案例凸显了霸凌行为的多样性和严重性，警示我们必须对这些行为保持高度关注。当霸凌发生时，我们需要灵活应对，既要及时制止正在发生的霸凌行为，也要关注受害者的心理状况，对受害者提供必要的支持和帮助。同时，通过教育、宣传等方式，提高全体师生对霸凌问题的认识，共同营造一个和谐、安全的校园环境。

除了上面五种常见的霸凌形式之外，生活中还存在着其他形式的霸凌，尽管它们没有那么普遍，但同样会给受害者造成严重的身心伤害。

心理霸凌：通过持续的语言讽刺、威胁、恐吓或其他形式的精神攻击，给他人造成心理压力，导致不良心理状态的出现。

性霸凌：对他人进行性骚扰、性威胁或性侵犯。性霸凌可能发生在线上，也可能发生在线下，其形式多样，但均会对受害者造成极大的身心伤害。

性别霸凌：基于性别的嘲笑、侮辱或排斥行为，无视性别多样性和平等，对受害者的性别认同造成困扰和伤害。

种族/文化、宗教背景霸凌：对他人的种族、文化或宗教背景进行贬低或攻击，破坏社会多元性和包容性，让受害者感受到自己的文化身份被否定和排斥。

学术霸凌：在学术领域，通过抄袭、作弊、故意干扰他人学习等方式进行不公平的学术竞争，破坏学术诚信，剥夺他人公平竞争的机会，对受害者的学术发展造成负面影响。

以上列举的霸凌形式，虽然各有特点，但共同之处在于它们都会给受害者带来严重的伤害。因此，我们需要提高警惕，积极预防和制止这些霸凌行为的发生。

普通冲突or校园霸凌

在我们日常生活的交际中，冲突和霸凌是两个常被提及但又容易混淆的概念，这种混淆往往导致我们对问题的理解和处理产生偏差。因此，本节我们将深入探讨这两个概念，明确冲突和霸凌的定义、特征以及它们可能带来的潜在影响，以期帮助我们更准确地识别并有效地应对它们。

情景 小剧场

　　小雪羡慕雅雅有精装书《哈利波特》，她轻轻地触摸一下，却意外导致书掉到地上，引起雅雅的不满。此时，班里经常欺负小雪的小罗走来，奚落小雪并推搡她。小雪被吓坏了，她很害怕小罗，也不知道该如何面对雅雅，这次经历让小雪的心情连续低落了好几天，她陷入深深的困扰之中。

小小 分析园

　　在故事中，雅雅与小雪发生了一点儿小冲突。而小罗的行为则截然不同，他奚落并故意推搡小雪，这种行为构成了霸凌。小罗的恶意言行不仅深深伤害了小雪的感情，更有可能在推搡过程中导致小雪摔倒，从而给小雪带来身体上的伤害。

　　值得注意的是，雅雅和小雪之间的冲突与小罗对小雪的霸凌，虽然都可能加剧人际关系的紧张，但它们在本质上属于完全不同的两类问题。前者源于误解与沟通障碍，后者则是恶意的伤害行为。

　　• 冲突通常指双方或多方因目标、利益、价值观等方面的差异或对立而产生的矛盾。这种矛盾可以通过协商、沟通等和平方式寻求解决方案。

我跟雅雅是好朋友，我们只是发生了冲突。我跟小罗不是好朋友，他在欺负我。

・相比之下，霸凌则是一种负面的攻击行为，其特点在于对受害者进行持续的、恶意的伤害，这种行为往往难以通过简单的协商解决，而需要采取更加积极和果断的措施来制止和干预，以保护受害者的权益和心理健康。

能量 加油站

冲突和霸凌虽然有着显著的不同，但它们之间确实存在一定的联系。在某些情况下，如果冲突得不到及时且妥善的处理，就有可能升级为霸凌行为。例如，当雅雅和小雪之间的矛盾无法得到有效解决时，其中一方可能会因为情绪升级或感到无助，而采取更加激烈或不当的行为来维护自己的利益，这样就有可能引发

> 雅雅，这是我给你买的哈利波特的人物模型，你能原谅我吗？

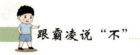
霸凌现象。因此，对于校园内的冲突，我们应当给予足够的重视，并努力通过沟通、协商等方式来寻求和平解决，以避免其进一步恶化成霸凌事件。

因此，当冲突发生时，我们应当学会妥善处理，以防其升级为霸凌行为。在处理冲突时，首要之务是保持冷静，避免情绪化的反应，以免加剧矛盾。接下来，应努力探寻冲突的根本原因，并通过沟通、协商以及必要的妥协来寻求一个双方都能接受的解决方案。在此过程中，尊重对方的想法和利益诉求是至关重要的，这有助于建立更加和谐、理解的人际关系。

人与人相处时，冲突是难以避免的。虽然它可能暂时导致人际关系的紧张，但只要我们能够妥善解决，冲突实际上可以成为促进双方沟通和交流的契机，进一步增进彼此之间的理解和信任。这样的处理方式不仅能够避免霸凌的发生，还能让我们的关系更加稳固和融洽。

开玩笑和语言攻击

语言是沟通的桥梁，它赋予我们表达思想、分享情感的能力，并促使我们与他人建立深刻的联系。然而，这座"桥梁"若使用不当，有时也会转化为一把"双刃剑"。如果我们不能正确地驾驭它，比如，错误地将嘲笑视为幽默，或是将讽刺误作个人意见的表达，那么语言就可能变成一把伤害他人的利器。因此，我们在使用语言时应当谨慎，确保它能够发挥其正面作用，而不要造成不必要的伤害。

下面的小故事及随后的分析，希望能帮助你更加清晰地界定玩笑话与语言攻击之间的界限。这样的区分对于我们在日常生活中如何恰当地使用语言至关重要。

情景 小剧场

　　春游日，同学们兴高采烈地登上校车，满心期待着前往郊外公园探险。在行进的车辆中，小王不停地说话，且频繁地拿丫丫开玩笑。这些玩笑让丫丫感到十分尴尬，但由于丫丫性格内向，并没有当场反驳小王。幸运的是，妍妍及时发现了丫丫的不适，并果断制止了小王的行为，让丫丫终于松了一口气。

小小 分析园

　　在故事中，小王借着开玩笑的名义，对丫丫的发型和服装进行了贬低，这样的言辞让丫丫感到尴尬和不舒服，甚至自尊心也受到了伤害。这种行为已经远远超出了玩笑的合理范畴，实际上构成了一种对丫丫的语言攻击。

　　假如小王对丫丫说的是："你的发型真是走在时尚前沿，是不是准备引领下一场发型潮流啊？"或者是"你今天的衣服颜色真鲜艳，是不是想成为彩虹的代言人呀？"这类带有积极色彩和幽默成分的正面评价，那么这些言辞才符合玩笑的性质，能够给人带来愉悦感，而不是造成尴尬或伤害。

小王的话让我难堪，她的玩笑并非出于对我的正面评价。

善意的玩笑确实能够拉近人与人之间的距离，增进彼此间的友谊和亲密感。然而，恶意的玩笑则会逐渐演变成对他人外貌、能力、性格等方面的贬低和伤害。为了避免像丫丫一样遭受这类不必要的伤害，我们需要提升自己的防护意识，学会以平和理性的态度来回应对方的不当言论。正如故事中的妍妍所表现的那样，她及时制止了小王的不当行为，保护了丫丫的尊严，这样的做法值得我们学习和借鉴。

 能量 加油站

许多人之所以难以迅速区分玩笑话与语言攻击，其根源在于他们在人际交往中时常忽视了内心的真实感受，以及缺乏对语境和关键信号的细致分析。这种忽视和缺乏细致的分析导致他们难以准确判断言语背后的真实意图和可能产生的后果。

通过以下方法来识别玩笑，从而精准把握人际关系的微妙平衡吧！

· 留意自己内心的情绪反应：真正的玩笑话通常会让人感到开心或至少能够从容应对。然而，如果你对某句话产生了尴尬、愤怒或不安等负面情绪，便往往是该言辞含有恶意攻击的迹象。

· 观察言辞的语境和用词：在开玩笑时，语境往往轻松愉悦，用词风趣且不失尊重。相反，恶意攻击的语言则可能显得尖酸刻薄，或者充满挖苦和侮辱性。

· **考虑双方的关系和以往交流模式**：如果你和对方关系亲密，且过去有过类似的玩笑互动，那么当前的言辞很可能是无心之举。但如果你们关系紧张，且过去交流中已存在类似攻击行为，那么你就需要警惕这次言辞可能蕴含的恶意。

丫丫"小懒虫"，又起晚了。

我叫妍妍"小笨蛋"，丫丫叫我"小懒虫"。我们是好朋友，以前也这样讲话！所以这是在开玩笑。

· **直接沟通以确认意图**：当你对某些言辞感到疑惑或不解时，不妨采取直接沟通的方式，询问对方的意图。通过开放、诚恳的对话，你可以更明确地了解对方的真实想法，从而有效避免误解和冲突的发生。

乖巧的孩子为何成了欺凌者

在我们成长的道路上，我们难免会被贴上各式各样的标签。其中，"乖巧的孩子"这一标签往往让许多家长倍感欣慰，因为它通常与礼貌、懂事、顺从等积极品质紧密相连，也是老师心目中的理想型学生典范。然而，令人惊讶的是，有时我们会发现，一些曾经倍受夸赞的乖巧孩子，在成长的某个阶段却可能转变为霸凌者。这一现象背后的原因复杂而深刻，值得我们深入思考和探讨。

情景　小剧场

　　玲玲曾是班级模范生，深受大家喜爱。某天，她妈妈接到老师电话，得知玲玲涉嫌参与校园霸凌事件。面对外界质疑，玲玲沉默不语。为帮助玲玲解决问题，学校为她安排了专业心理咨询。在心理咨询师的耐心引导下，玲玲终于敞开心扉，吐露了真实想法。

小小 分析园

在故事中，玲玲因个人经历的重大转变而逐渐变得具有攻击性。学习和人际关系的双重压力让她深感自卑，缺乏安全感，于是她错误地选择了以暴力的方式来暂时释放内心的压力，寻求片刻的心灵慰藉。

实际上，这样的情况在学生群体中并不罕见，尤其是在青春期这个充满挑战与挫折的阶段。然而，我们必须清醒地认识到，这种以暴制暴的应对方式非但不能真正帮助我们建立自我认同，找到自我价值，反而可能加剧问题的恶化。

面对生活的变故和内心的困扰，我们应当采取积极、健康的方式来处理负面情绪。首先，坦诚地倾诉心声是释放压力的第一步，无论是向朋友、家

压力变大后，我就越来越暴躁！

人还是专业的心理咨询师寻求帮助，都能让我们感受到被理解和支持的力量。其次，努力提高学习成绩，增强自信心，也是缓解压力的有效途径；同时，积极参与学校的各项活动，结交新朋友，可以让我们在互动中学会沟通、理解和包容，从而拓宽视野，丰富人生经验。

最后，当遇到难以独自解决的问题时，不妨主动寻求家长和老师的帮助。他们作为我们成长道路上的引路人，拥有丰富的经验和智慧，能够为我们提供宝贵的建议和支持。通过这些积极的努力，将使我们能够更好地面对当下的挑战，实现自我成长和进步。

 能量 加油站

乖巧的孩子突然转变为霸凌者，这确实是一个复杂而深刻的问题，其背后可能涉及生活变故、性别、认知、社会等多个层面的综合因素。

· **正视青春期的自己**：青春期是自我意识觉醒的重要阶段，伴随着性的发育和性意识的觉醒，青少年可能会经历内心的波动与不安。在这一时期，重要的是要学会拒绝羞耻感，真诚地接纳自己，包括自己的身体和情感变化。通过积极的方式探索自我，而不是通过霸凌行为来寻求认同和价值，是更为健康和成熟的选择。

· **拥抱自己的性别**：在存在性别偏见或歧视的家庭和社会环境

中，个体可能会感受到不公和忽视，进而产生愤怒和反感。然而，将这些负面情绪转化为霸凌行为并非解决问题的途径；相反，我们应该学会接纳自己的性别，无论男女，都应以平等和尊重的态度看待自己和他人。通过健康的方式表达自

电影里的人打架好"酷"！

通过暴力彰显自己是不对的，真正的"酷"源于我们正直的内心。

我，展现不同性别和其独特性，是建立自尊和自信的关键。

· **辨别社会影响**：社会中的暴力文化，如电影、游戏、书籍等媒体内容，可能对青少年的价值观和行为模式产生不良影响。因此，我们需要培养自己的辨识能力，学会区分好与坏，避免盲目模仿不良行为。真正的"酷"和"面子"，应该来自内心的善良、正直和勇气，而不是外在的暴力、欺凌和虚伪。通过积极参与有益的社会活动，树立正确的价值观和人生观，我们可以更好地抵御社会不良风气的侵蚀，成为有责任感和担当的人。

霸凌心理学：无助的黑羊、持刀的屠夫和冷漠白羊

在我们的日常生活中，存在着一个既有趣又重要的心理学现象——黑羊效应（Black Sheep Effect），它与"霸凌"这一行为紧密相连，揭示了在我们周围可能频繁发生但往往被忽视的一种现象。通过下面即将讲述的故事及其分析，我希望能帮助大家更深入地理解这一现象，并学会如何有效地应对它。

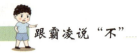

情景 小剧场

　　教室里，同学们正欢声笑语地畅谈着最近观看的电影，而小良却静静地坐在角落，仿佛周围的热闹与他完全无关。就在这时，小利带着几个关系要好的男同学开始嘲讽小良。这一突如其来的变故让教室里的热闹气氛暂时凝固了一般，所有人的目光都不由自主地投向小良这边。然而，令人遗憾的是，尽管大家都注意到了这一幕，却没有人站出来为小良解围。

小小 分析园

在故事中，小良的遭遇正是"黑羊效应"的一个生动写照，这种现象在校园里屡见不鲜。有些同学可能因学习成绩、家庭背景、外貌、性格等多种原因，不幸成为其他同学嘲笑或排斥的对象，而一些负面事件或情绪也往往被无端地归咎于他们。

在"黑羊效应"中，存在着三个关键角色：无助的黑羊（受害者）、持刀的屠夫（加害者）以及冷漠的白羊（旁观者）。以小良的故事为例，他就是那只无助的"黑羊"，即受害者。尽管他并未做错任何事，却无辜地成为众人攻击和排挤的目标。

小利及其同伴则扮演了持刀的"屠夫"加害者角色。他们是对小良施加伤害的一群人，却往往没有意识自

他们为什么欺负我？

己的行为给"黑羊"带来了多么深重的创伤；而那些在欺负过程中选择沉默、没有站出来为小良解围的同学，就像是冷漠的"白羊"。他们或许出于怕事、自保，或认为此事与自己无关的心态，而选择了置身事外。然而，他们的冷漠和沉默实际上在无形中为屠夫提供了助力，让"黑羊"承受了更大的心理压力和伤害。

"黑羊效应"的危害在于当群体中的成员习惯于将责任归咎于某个特定的"黑羊"时，整个群体的正义感和责任感会逐渐淡化甚至消失。这种氛围不仅会加剧对"黑羊"的欺凌和排挤，还可能引发更多的不公和不正之风。因此，我们应该警惕并努力避免"黑羊效应"的发生，学会关心他人、尊重差异，共同营造一个和谐、包容的校园环境。

 能量 加油站

"黑羊效应"的形成涉及多重复杂原因，包括群体压力、从众心理以及同理心的缺乏等。在群体环境中，为了维护自身与他人的关系和谐，个体往往会选择顺应潮流，避免表达与众不同的意见或看法。这种趋同性使得那些与群体标准存在差异的个体更容易成为被攻击的目标。

若不幸成为"黑羊"，重要的是要认识到这仅仅是一种特定情境下的现象，而非生活的常态。我们完全有能力改变这一局面，摆脱当前的困境。

应对策略：

· **保持自信，修炼强大的内心**：每个人都是独一无二的，拥有各自独特的魅力和价值。我们应该坚信自己的独特性和不可替代性，不轻易因他人的嘲笑或排挤而感到自卑。一个内心强大的人，能够坚守自己的信念和追求，不为外界的风言风语所动摇。记住，只要我们内心足够坚定，那些"屠夫"的言语就无法真正伤害我们。

· **发动可团结的"白羊"**："黑羊效应"与从众心理密切相关，当大多数人选择沉默时，个体往往也会选择随波逐流。然而，我们可以尝试打破这种沉默，唤醒那些潜在的"白羊"意识。通过沟通和交流，让他们认识到今天他们可能是旁观者，未来就有可能成为被攻击的目标。只有当我

谁愿意跟你玩？

小良虽然性格内敛，但是待人真诚，学习认真，我觉得他很好。

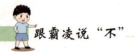

们团结起来，共同发声，才能有效地抵制"黑羊效应"，为自己和他人创造一个更加公正、友善的环境；同时，也要鼓励大家培养同理心，学会换位思考，理解并尊重他人的差异和独特性。

第二章
被霸凌的阴影：心理与身体的无声呐喊

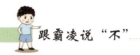

当霸凌首次降临

校园霸凌现象往往呈现出"零次和无数次"的极端特点。一旦我们不幸成为其目标，若不敢勇敢地站出来反抗，这种伤害极有可能如影随形，一再重演。因为，每一次选择沉默，都无异于向霸凌者递上一张邀请卡，鼓励他们再次施暴。因此，面对首次霸凌行为，我们必须毅然决然地拿起自我保护的武器，确保自己的权益不受持续侵害。

情景 小剧场

　　小妮由于身材偏胖，在紧锣密鼓地筹备表演时，不慎将演出服撑破，这一幕意外地引发了周围人的哄笑。随后，同学们开始戏称她为"小胖"，起初，小妮并未制止，反而选择以自嘲的方式应对。然而，随着这一称呼逐渐传开，一些同学开始无休止地拿她的身材开玩笑，这些无心的或恶意的玩笑让小妮深感痛苦，她的笑容也慢慢从脸上消失。

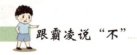

小小 分析园

故事中，小妮在初次遭遇嘲笑时，选择了自嘲，试图以此减轻自己的心理压力。然而，她未曾预料到的是，那些恃强凌弱的人往往不会满足于短暂的笑声，他们只会因认为她好欺负而变本加厉，开出更加过分的玩笑，甚至可能怂恿小妮做出更多出格的行为。

通常，被嘲笑的孩子内心深处是异常清醒的，他们清楚地知道别人在嘲笑自己，但因为这是首次发生，他们往往选择将这些嘲笑视为玩笑。然而，这样的行为实际上是在无形中贬低了自己，严重损害了个人的自尊心，使自己陷入"持续被霸凌"的困境之中。

我们或许都听过一句老话："过一过二不过三。"然而，这句话在霸凌事件中并不适用。当霸凌首次发生时，如果不立即加以制止，它往往会无休止地继续下去。因此，当我们首次遭遇霸凌时，必须立即拉响内心的警铃，坚决捍卫自己的尊严和权益。

在第一次被霸凌时，彻底地解决当下环境中的问题，是避免被持续霸凌的关键。首先，我们需要准确识别嘲笑背后的意图，判断这是针对事件的偶然嘲笑，还是针对个人的恶意攻击。如果嘲笑仅仅是因为某个事件（如演出服被撑破引发的哄笑），我们可以选择一笑置之；但如果嘲笑是针对个人（如同学们戏称小妮为"小胖"），那么我们必须立即制止，勇敢表达我们的不满，并坚决拒绝接受这样的负面标签。

此外，迅速行动至关重要。第一次遭遇霸凌时，就必须将其视为最后一次，迅速而果断地处理。因为被嘲笑的时间越长，受害者的自尊心就越容易受到打击，甚至可能逐渐忘记自己原本作为群体中普通一员的感觉。因此，我们必须迅速采取行动，保护自己，防止霸凌行为的持续发生。

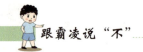

特殊的孩子，天使的吻

当我们遭受霸凌之后，"不想上学"或"不想出家门"成为常见的心理反应。这些情绪主要源自我们在校园环境中感受到的威胁与不适，以及对再次遭受伤害的深切恐惧。尤其对于身体存在缺陷的同学而言，霸凌所带来的心理压力和恐惧往往更加沉重，远超乎一般同学的体验。

然而，我们必须明确并坚信一点：这些情绪反应是正常的，绝非我们的过错。面对霸凌，感到害怕、无助甚至逃避，都是人性中自然的反应；

但重要的是，生活终究要继续，"躲在家里"绝非解决霸凌问题的长远之策。

为了摆脱霸凌阴影，我们需要鼓起勇气，寻求帮助，学会保护自己，不应让任何形式的霸凌成为你成长的阻碍。

情景 小剧场

　　最近，东东因为遭遇了严重的霸凌而害怕上学。那些霸凌者起初以"朋友"的身份接近他，逐渐地，他们开始嘲笑东东，孤立他，甚至诱导他有一些不恰当的言行。这些行为给东东的心灵造成了极大的伤害，让他陷入了深深的困扰之中。当东东的父母得知这一情况后，他们既愤怒又心疼，对儿子的遭遇感到无比痛心。

小小 **分析园**

在故事中，东东不幸被同学霸凌。在这段经历中，他深刻体会从信任到背叛、从自信满满到自卑沮丧的剧烈心理转变。这种巨大的心理压力不仅让东东产生了厌学情绪，还严重地动摇了他对人际关系的信任。幸运的是，东东的父母敏锐地察觉到了他的异常行为，通过耐心细致的询问，终于揭开了背后的真相，并毅然决定帮助东东走出困境。

就因为我身体特殊，我就应该被欺负吗？

当我们因为自己的独特性或"特殊性"而成为霸凌的目标时，首先要明确的是，这绝非我们的过错。一个健康、包容的环境应当能够接纳并尊重个体的差异；而那些实施霸凌行为的人，恰恰暴露了他们自身缺乏教养、同情心和宽容心的本质。

面对霸凌，我们要牢记以下两点：

· 逃避学校、放弃学业，只会让霸凌者更加得意，进一步加剧我们的困境。

·最好的反击方式，是让自己变得更加优秀。以积极的心态面对挑战，坚持自己的信念，用实际行动和出色的表现来证明自己的价值。这样，我们不仅能够赢得他人的尊重，还能有效地抵御霸凌的侵袭。

 能量 加油站

有一些同学，在身体特征、行为习惯或学习速度上与众不同，我们通常称他们为有"特殊需求"的同学。这类同学往往容易成为其他同学霸凌的目标。然而，面对这样的挑战，我们不必自卑，更不应自弃。

"特殊需求"并非一个侮辱性的词汇，它不应被视为见不得人的秘密。相反，正视并接受自己的特殊性，是内心强大的表现。身体的差异只是我们独特人生经历的一部分，它并不决定我们的价值或能力。历史上不乏这样的例子：海伦·凯勒尽管失去了视力和听力，却凭借坚韧不拔的意志成为著名作家；姚明左耳近乎失去 60% 的听力，但这并未阻挡他成为篮球界的传奇人物。这些事实告诉我们，只要我们能发现并发挥自己的天赋和才能，就能够在某个领域脱颖而出，实现自我价值。

同时，我们要认识到，每个人都有自己的缺陷。这些缺陷就像是天使留下的吻痕，有的显而易见，有的深藏不露；但无论如

41

何，缺陷都不是我们的耻辱，而是我们身体不可或缺的一部分。我们应该学会接纳这些缺陷，不让它们成为他人嘲笑我们的理由，更不让它们阻碍我们前进的步伐。

总之，面对"特殊需求"和自身缺陷，我们要保持自信、乐观和坚韧不拔的精神。只有这样，我们才能在人生的道路上勇往直前，创造属于自己的辉煌。

我那伤痕累累的身体

霸凌行为对受害者的伤害远不止短暂的痛苦，它如同多米诺骨牌般引发一系列连锁反应：从深重的心理创伤，蔓延至复杂的社交难题，进而波及学业的受挫，甚至潜藏着对身体健康的严重威胁。为了更深刻地理解这一点，让我们通过一则小故事，来探讨霸凌行为如何具体地影响受害者的身体健康。

情景 小剧场

凯凯是学校里有名的孩子王，却以不良的行为著称，他常常对小景实施霸凌，导致小景的身体布满了伤痕，还受到他的威胁，不敢向任何人透露此事。这种长期的心理与身体伤害的双重折磨，终于有一天让小景再也无法承受。在体育课上，他因无法忍受心中的压抑和身体的极度不适，最终晕倒在地。

小小 分析园

在故事中，小景长期默默承受凯凯的欺凌与伤害，由于内心的极度恐惧与无助，他始终没有勇气向外界，如老师或家长寻求援助。这种长期的压抑与痛苦，最终导致他的身体出现严重问题，在体育课上不幸晕倒。

凯凯的霸凌行为，其恶劣影响远不止对小景造成的即时身体创伤，如流血、留下疤痕等。更为深远的是，这些行为对小景的身心健康产生了长期的、难以磨灭的影响。

自从被凯凯霸凌后，我的身体越来越差了。

首先，被霸凌的小景相较于未受欺凌的同龄人，更容易出现头痛、胃痛等症状。这些看似与霸凌无直接关联的身体不适，实际上是心理压力在身体上的反映。同时，小景的免疫系统也显得更为脆弱，更容易受到疾病的侵袭。

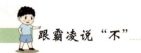
其次，被霸凌的巨大压力会在小景的身体上留下"烙印"，这种烙印可能体现在某些基因的表达上。这些基因的变化会干扰小景的应激反应机制，使他对应激事件的敏感性增加。这意味着，即使未来遇到较小的挑战或压力，小景也可能产生过度的应激反应。

最后，小景在遭受凯凯霸凌时所经历的痛苦与无助，如果不及时得到疏导与治疗，很可能会成为他成年后抑郁或焦虑等心理问题的根源。这些心理问题不仅会影响他的生活，还可能对他的工作、人际关系等方面产生负面影响。

因此，我们必须认识霸凌行为的严重性和危害性，积极采取措施预防和干预霸凌事件的发生，保护每一个孩子的身心健康。

 能量 加油站

当我们因为霸凌而面临健康问题时，这往往是霸凌行为对身心造成显著影响的警示信号。此时，必须果断采取积极的措施来制止和干预这种不良状况。

首先，寻求专业帮助是至关重要的。我们应当及时咨询医生或专业辅导人员，进行必要的身体检查和治疗，同时接受心理疏导，以缓解因霸凌而产生的心理压力和负面情绪。

其次，与家人和朋友的沟通也是不可或缺的一环。向信任的家人和朋友倾诉自己的遭遇，可以获得他们的理解、支持和关爱，从而减轻我们的心理负担，让我们感受到温暖和力量。

最后，为了防止进一步的伤害，我们必须采取行动。如果情况严重，应及时向老师、学校或相关机构报告霸凌事件，以便他们采取

必要的措施来制止霸凌行为的继续发生。这些措施可能包括加强校园安全、制定反霸凌政策、对施暴者进行惩罚等。

总之，面对霸凌导致的健康问题，我们不能选择沉默和逃避，而应该勇敢地站出来，寻求帮助和支持，采取措施保护自己，维护自己的权益和尊严。

从受害者到施暴者的恶性循环

　　被霸凌的受害者，在缺乏外界支持与保护的环境下，往往会寻求非正常的途径来缓解内心的痛苦，试图重新找回对生活的控制感。模仿施暴者的行为便是这些途径之一，这种行为逐渐侵蚀他们的心灵，使得原本的受害者最终可能转变为施暴者，这一过程既令人痛心又让人深感遗憾。现在，让我们一同通过以下的小故事及其分析，深入探索这类人的心理轨迹，以期从中汲取教训，共同预防类似悲剧的发生，保护自己免受伤害。

情景 小剧场

小诺因为长得不好看，经常被一些强势的孩子嘲笑和欺负。一天，他发现天天长得比他更难看，便模仿那些曾经欺负他的人去欺负天天。小诺在这种行为中找到了久违的优越感和控制感，然而，随着时间的推移，他开始厌恶自己。

小诺哥哥，你好！我叫天天，就住在你家对面。

我知道你，你就是小区里那个长得不怎么好看的男孩。你最好离我远一点儿。

我……我不是这样的……

哈哈，大家快来看啊！天天小眼睛、大鼻孔，真是吓死人了！

我怎么变得越来越像那些曾经欺负过我的人……

呜呜~

49

小小 分析园

在故事中，小诺不幸遭遇了外貌歧视，这段经历让他对那些长相普通、同样遭受嘲笑的人产生了复杂的情感。因此，当他看到天天时，小诺选择了以嘲笑和欺负的方式来宣泄自己内心的负面情绪，试图以此获得短暂的心理平衡。然而，这种行为却意外地让他陷入霸凌行为的恶性循环之中，从受害者逐渐转变为了新的霸凌者。

最终，小诺对这样的自己产生了深深的厌恶。这种自我反感，虽然痛苦，却也可能成为他改变和成长的契机。它促使小诺反思自己的行为，有机会纠正错误，从而成为一个更加成熟、有同理心和责任感的人。

受害者型霸凌者的特征通常

包括：

· 敏感多疑，过于在意自己的感受而容易忽视他人的反应和情绪。

· 情绪化，容易因为一些看似无关紧要的事情而产生强烈的情绪波动。

· 由于过去被霸凌的经历，他们对人性持怀疑态度，缺乏对他人的信任和信心。

 能量 加油站

小诺在被霸凌后，由于处理问题的能力尚不成熟，产生了报复其他孩子的心理。与纯粹的霸凌者相比，受害者型霸凌者往往更加清楚自己行为对他人造成的伤害，同时也更容易被外界力量的展示所震慑。

当发现自己成

为"受害者型霸凌者"的目标时，可以采取以下策略来应对：

· **了解他们的动机**：尝试理解他们行为背后的原因，比如他们可能是在通过欺负他人来掩饰自己内心的痛苦或不安。如果你知道他们是因为外貌上的不足而对你进行霸凌，你可以自信地表达对自己的喜爱和接纳，以此打破他们的心理防线。

· **寻求团队支持**：受害者型霸凌者往往在面对团结一致的反击时会迅速失去气势。因此，建立一个愿意站出来支持你的团队是非常重要的。它不仅可以为你提供情感上的支持，还能在必要时共同对抗霸凌行为。

· **冷静应对挑衅**：当他们用刻薄的言论试图霸凌你时，保持冷静和镇定至关重要。你可以尝试忽略他们的言语攻击，或者以一种轻松幽默的方式回应，比如假装没有听到并请他们重复。很多时候，受害者型霸凌者在被直接挑战时会显得胆怯，因为他们内心深处也知道自己的行为是不正当的。

高大罂粟花综合征：一道难以愈合的伤痕

高大罂粟花综合征，指的是在某一群体中，当某个成员表现出超乎常人的优秀时，往往会引发其他成员的不满情绪，进而促使群体自发地、集体性地对该成员进行批评或排挤。这种现象与"枪打出头鸟""树大招风"等俗语所传达的内涵相类似，都强调了过于突出可能带来的负面后果。

接下来，我们将通过一个小故事和相应的分析，来更深入地理解高大罂粟花综合征，并探讨在这种情境下如何保护自己。

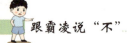

 情景 小剧场

晓敏因父母工作调动，从城市迁到了县城。由于之前接受过优质教育，她在新学校的各科成绩都名列前茅，甚至常常保持第一。然而，这一优秀表现却意外地引发了同学们很长一段时间的集体霸凌。这段经历给晓敏的心中留下了难以抚平的伤痕。

小小 **分析园**

　　故事中，晓敏因出类拔萃而成为霸凌的受害者，这正是"高大罂粟花综合征"的鲜明写照。在群体中，人们往往难以容忍"鹤立鸡群"的存在，他们可能会通过羞辱或阻挠高成就者来试图在群体等级中将其拉低，这反映了某些人的心理和心态。

　　这段经历对晓敏的心理健康造成了深远的影响，需要相当长的时间来疗愈。

　　像晓敏这样因为优秀而遭遇群体霸凌的人，可能出现的隐性伤害包括：

　　· 经常感到孤立无援，仿佛被整个世界抛弃。

　　· 否定自己的价值，开始质疑自己，觉得自己是"有问题的"，甚至试图改变自己来迎合恶劣的环境。

　　· 认为被霸凌是命运的必然安排，有时甚至会因渴望摆脱霸凌而感到内疚和自责，仿佛

自己才是问题的根源。

　能量　加油站

对许多人而言，群体中的利益分配常被视为一种零和游戏，即所有参与者的相对收益总和保持不变，一个人的地位提升往往被看作是另一个人地位下降的反映。这种观念导致许多人对出类拔萃的人产生不安，担心自己的地位会因此受损。从众的本能驱

使他们集结起来，对那些表现突出的人进行霸凌。

　　因此，当我们足够优秀时，有必要采取措施来避免"高大罂粟花综合征"对我们的影响：

　　· 保持低调的才华展示：避免过于炫耀自己的才能，以降低成为霸凌目标的风险。

　　· 展现领导力与社交技巧：霸凌者往往倾向于选择社交等级中看似"较弱"的个体作为目标。如果你能够展现出广泛的受欢迎度、强大的领导力或卓越的社交技巧，霸凌者往往会自然地与你保持距离，因为你在群体中的地位和影响力使他们不敢轻易挑衅。

晓敏，你现在还害怕被霸凌吗？

不害怕了。

 为什么？

因为我知道了他们霸凌我的原因，原来是因为我总考第一给他们带来了压力，现在我知道了这不是我的错，我为自己感到骄傲！

 你说得对。

同时我也意识到，如果我能减轻他们的压力。就能减少被霸凌的风险。所以我以后不会在他们面前过分强调自己的成绩。

如果他们主动提到这点，我也会找到他们的优点，夸奖他们，让他们感到自信。

 你的想法非常棒！

我现在开始结交新朋友，因为我知道有了支持我的朋友，能进一步降低被霸凌的风险！

 你做得很好！

第三章
霸凌靶心：为什么有些人成为被霸凌的目标

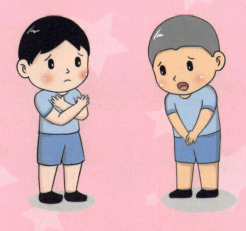

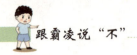
孤独的小勇士：留守小伙伴的特别挑战

在许多偏远地区，尤其是农村地区，有这样一群小伙伴：他们的父母为了给他们创造更好的生活条件，背井离乡，前往城市工作，而他们则被留在老家，由年迈的祖父母或其他亲戚照料。这种家庭环境下，相较于其他同学，留守儿童得到的家庭直接支持和保护相对较少，这也使他们更容易成为校园霸凌的目标。

那么，作为留守儿童，或者作为留守儿童的同学和朋友，我们应该如何避免这种情况的发生呢？接下来，让我们通过下面的小故事来进一步了解和探讨这个问题。

　　桓桓是一名留守儿童，他和爷爷一起生活，而他的父母则在外地工作。他非常懂事，为了帮爷爷分担家务，桓桓总是自己洗衣服，即使衣服旧了也舍不得扔掉。然而，一些同学却因此嘲笑他，这让桓桓感到非常难过，他不知道是否应该将自己遭受的嘲笑告诉远在异地的父母。

61

小小 分析园

在故事中，桓桓因为衣服破旧的问题，不幸引发了同学的偏见和排挤。当同桌在桌上划下"三八线"并发出警告时，桓桓试图为自己的处境辩解，这无疑透露出他对理解与接纳的深切渴望。然而，同桌的冷漠与威胁，却让他深深陷入了孤独和无助的境地。尽管桓桓不愿让远方的父母为自己担忧，但他确实应该尝试向父母敞开心扉。父母的理解和支持，对于他克服困难、走出困境至关重要。

哪怕父母无法长期陪伴在我们身边，我们也要清楚地认识到：

· 父母始终是我们的坚强后盾。遇到困难时，及时与他们沟通，我们才能获得力量与慰藉。

· 定期与父母通话，让彼此的关心与支持跨越地理的距离，让心灵得以紧密相连。

妈妈，我想你了！

妈妈也想桓桓了！

能量 加油站

留守儿童，如何更有效地降低被霸凌的风险呢？

首先，父母的爱是不受距离限制的。当遭受霸凌时，许多留守儿童可能会因为父母不在身边或不想让他们担心而选择默默承受。然而，这种做法其实是错误的。父母在远方，往往更加渴望了解孩子的每一个情况，无论是快乐还是悲伤。隐瞒问题并不能解决问题，甚至可能让情况变得更加复杂。因此，当遭受霸凌时，最好的做法是勇敢地告诉自己的父母。请相信，无论距离有多远，他们都会坚定地支持你，帮助你共同渡过难关。

其次，要把自己活成一座山。父母无法一辈子陪伴在我们身边，这是每个人都要面对的现实。作为留守儿童，我们可能更早地学会了独立和坚强。学会自己做饭、洗衣服、打理个人卫生和学习，这些都是我们成长过程中的重要部分。当我们变得强大而自信就像一座无法撼动的大山时，那些试图霸凌我们的人自然会望而却步。

综上所述，留守儿童在面对霸凌时，既要勇敢地寻求父母的帮助和支持，又要学会独立和坚强，成为自己生活中的一座山。这样，我们才能更有效地降低被霸凌的风险，让自己免受伤害。

为何会成为霸凌者的目标

你是否有过这样的困惑：明明自己没有做错什么，也没有主动招惹别人，却为何会遭遇霸凌？如果你这样想，那可能是对霸凌本质的一种误解。实际上，多数情况下，霸凌的发生并不是由某个具体行为直接引发的，而是与受害者的性格特征及其所处的环境密切相关。

接下来，让我们一起通过下面的小故事，来深入探究哪些人更容易成为霸凌者的目标，并理解这一现象背后的复杂因素。

　　小默性格文静，不太擅长与人争执。一天，他被几个男生嘲笑说长得"娘"，回家后，他把这件事告诉了父母。父母却安慰他说："男子汉大丈夫，不要跟他们一般见识。"然而，父母的话并未能真正解决小默的问题，反而让那几个男生的行为变得更加恶劣，小默因此感到非常痛苦。

小小 分析园

在故事中,小默在遭遇同学的霸凌时,选择了听从父母的劝告而没有进行反击。然而,这一做法却使得霸凌行为愈演愈烈,让他的处境更加艰难。尽管父母的初衷是好的,但他们的建议却并未帮小默解决霸凌问题。

小默的这个故事,深刻地反映了一个残酷的现实:那些选择默默忍受、不采取反击的人,往往更容易成为霸凌者的目标。

·假如你拥有与小默相似的胆小、不好斗以及内向的性格特点,那么你可能会成为霸凌者瞄准的猎物。

·假如你所处的环境与小默相似,周围的人都倾向于建议你忍耐,那么你很可能也会遭遇霸凌。

·假如你的肢体语言透露出温和、羞怯或顺从的信息,这很可能被霸凌者视为你易于攻击的信号,从而增加你成为他们目标的风险。

能量 **加油站**

忍让虽然是一种值得赞赏的品质，但也需要根据具体情况和对象来灵活运用。面对霸凌者时，过度的忍让和妥协只会让他们觉得你好欺负，从而加剧对你的霸凌行为。防止成为霸凌者目标的最有效途径之一，是让对方清楚地知道你不是好惹的，欺负你是要付出相应代价的。

· **让自己变得更有攻击性一些**：这并不是说要主动挑起冲突，而是要培养一种不畏惧冲突的态度，随时准备好应对可能的攻击，展现出自己的坚定和自信。

· **让自己的性格带点锋芒**：即使你本性温柔内向，也要学会在必要时展露出自己的锋芒。这并不意味着要变得尖锐刻薄，而是要在适当的时候表明自己的立场和底线，让自己不受伤害。

· **寻求帮助时，不要因初次沟通无果而气馁**：正如小默与父母的初次沟通未能达到预期效果一样，这可能是由于多种原因造成的。若再次遇到霸凌情况，小默可以继续与父母进行深入沟通，详细叙述事情经过、对方的恶意行为以及自己的内心感受；同时，也可以考虑向老师等第三方求助，以确保自己的处境和需求能够得到更全面、更妥善的理解和解决。

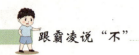

由意外插曲掀起的霸凌风波

　　生活中，有时那些看似不起眼的意外插曲，却可能悄然间成为被霸凌的导火索。当一个人因意外而暴露自己的弱点或与众不同之处时，他们可能会意外地成为霸凌者的目标。这种由意外事件引发的霸凌行为，同样值得我们高度关注和警惕。

　　接下来，让我们共同努力，掌握并应用应对这类事件的有效方法，为每一个可能遭遇困境的人提供支持和帮助。

　　斑斑上课不专心，与同桌传起了字条，他在纸条上写下了之前看到小意妈妈捡瓶子的事情。不幸的是，这张字条意外滚落到了嘟嘟的脚边。老师注意到了这一幕，便让嘟嘟读出字条上的内容。嘟嘟照做了，结果这件事全班皆知，从此，"捡破烂的"这个外号便落在了小意的头上。

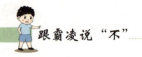

 小小 分析园

　　在故事中，小意本是班级中默默无闻的一员，却因一次意外事件，瞬间成为众人非议的中心。她内心的震惊与惶恐可想而知。尽管老师迅速介入，严厉批评了斑斑并明令禁止再提及此事，但仍有少数同学以此为乐，不断用"捡破烂的"这一绰号来讥讽她。

　　面对这样的困境，小意可以尝试采取一种更为积极主动的方式应对。她可以鼓起勇气，与那些持续嘲笑她的同学进行面对面的沟通。在沟通中，她应坦诚地表达自己的内心感受，告诉他们这样的言行给自己带来了多大的伤害；同时，她也可以坚定地表达自己对父母职业的尊重与支持，强调每个家庭都有其独特的生存方式，用勤劳的双手养家糊口并不可耻。

　　通过这样的沟通，小意不仅有机会让自己的心声被听见，还有可能触动那些同学的心弦，让他们意识到自己的言行所带来的不良影响，进而转变态度，学会尊重与理解他人。

能量 加油站

通常情况下，我们生活中偶发的意外事件往往只是小插曲，不足以造成深远影响。然而，当这些意外不慎暴露了我们的脆弱或隐私，且我们恰巧置身于一个存在霸凌现象的环境中时，这样的意外就可能使我们不幸成为霸凌者的目标。

面对成为霸凌目标的不幸境遇，我们可以从以下三个方面积极应对：

· **明确表达你的立场**：重申个人价值并非由外界的评价或家庭背景决定，而是根植于我们自身的品质与能力之中。坚定地表明这一点，有助于我们在心理上建立起一道防线，抵御外界的负面影响。

· **积极融入群体，寻求支持**：虽然可能会遇到嘲笑与排挤，但请相信，班级中总不乏那些心地善良、愿意伸出援手的同学。主动与他们交流，分享自己的感受，你会发现，友情与理解的力量足以驱散阴霾。

· **专注于自我成长**：将注意力转移到学习和个人发展上，这是摆脱困境、赢得尊重的最佳途径。通过不懈努力，提升自己的学习成绩和综合素质，用实力证明自己。优异的成绩和良好的品行，最终会赢得他人的认可和尊重。

受害者有罪论的荒谬

　　受害者有罪论，这一观念主张受害者应对其遭受的伤害承担部分或全部责任，这显然是错误且荒谬的。在霸凌事件中，尤为令人痛心的是，许多受害者错误地将自己的遭遇归咎于自身，认为自己是咎由自取。这种心态不仅给受害者带来了不必要的心理负担和自责，还可能成为他们寻求帮助和正义的障碍。

　　因此，我们必须明确指出受害者无罪，他们不应为任何形式的霸凌行为承担责任；同时，社会应加强对受害者的支持和保护，鼓励他们勇敢发声，寻求帮助，以确保正义得到伸张，霸凌行为得到有效遏制。

　　课间，文文因言语不当，称呼苏苏的父母为"文盲"，遭到苏苏的殴打。更甚者，苏苏还煽动全班同学孤立文文。面对这样的处境，文文感受前所未有的孤独与痛苦，她开始深深地后悔并反思自己的言行，意识到自己的现状在某种程度上是咎由自取。然而，值得注意的是，尽管文文有错在先，但苏苏的暴力行为和煽动孤立的行为同样不可接受，应受到相应的教育和引导。

小小 分析园

故事中，当文文得知苏苏的父母不会写字时，她不慎说出了"文盲"一词，这让苏苏觉得文文在侮辱她的父母。诚然，文文的这种观念是错误的、狭隘的，她没有充分尊重和理解人的多元价值以及不同生活经历的重要性。但无论如何，这都不能成为文文遭受霸凌的理由。

难道这一切都是我咎由自取吗？我真的应该被同学们孤立吗？我又该如何弥补自己的错误呢？

为了纠正自己的错误并修复与苏苏的关系，文文可以采取以下行动：首先，她应向苏苏表达最真诚的歉意，对自己的不当言辞进行深刻的反思，并明确表达自己认识到错误的态度。其次，文文应努力消除因此而产生的误解和隔阂，她可以主动与苏苏沟通，倾听苏苏的感受，并表达自己愿意改正和学习的决心。

能量 加油站

在霸凌事件中，许多霸凌者会刻意放大受害者的无意之失或弱点，以此误导别人，营造出一种"受害者有罪"的假象。他们这样做的目的，主要是为了掩盖自身的问题，并试图为自己的霸凌行为披上"合理"的外衣。

遗憾的是，这种误导性信息有时甚至能够渗透至旁观者之中，使他们开始质疑受害者是否因某些行为或特质——比如不当言论——而"自找"了霸凌。这种质疑对于已经身处困境的被霸凌者来说，无疑会雪上加霜。他们本就承受着来自霸凌的沉重心理负担，常常深陷沮丧与无助之中，外界的误解与指责只会让他们的处境更加艰难。

因此，当我们面对霸凌事件，无论是作为直接参与者还是旁观者，都应铭记以下几点：

· 被霸凌者无需完美无瑕。受害者不应因其个人特质、行为或过去的经历而受到指责。

· 被霸凌者不应为所遭受的霸凌承担责任。霸凌是施暴者的选择，与受害者的任何行为或特质无关。

我们应当以同情和理解的态度看待被霸凌者，为他们提供必要的支持与帮助，同时坚决反对和制止任何形式的霸凌行为。

那些扮演被霸凌者的孩子

　　有的人从未真正经历过霸凌，但却不知不觉地培养了受害者心态，这主要是因为他们意识到，通过扮演被霸凌者的角色，能够较为容易地获得他人的关注和同情。尽管这种受害者心态可能在短期内给予他们一定的满足感，但从长远来看，它会导致人陷入深深的无力感和孤独之中。

学校以班级为单位，定期举行反霸凌分享会。星星观察到，那些在会上分享过被霸凌经历的同学往往能够获得更多的关注与同情。于是，她也为自己虚构了一个"被霸凌者"的身份，并参与其中。星星从这种"角色扮演"中感受到了某种"好处"，甚至开始期待这样的"表演"时刻。

小小 分析园

　　在故事中，星星选择通过扮演弱者和受害者的角色，以获取同学的怜悯和关注。这种行为是极其错误且有潜藏危险的。若任其发展，星星极有可能会逐渐培养出受害者心态，这对她未来的性格塑造和人生发展都将产生不利影响。

　　像星星这样习惯于扮演受害者的孩子，通常缺乏"内在掌控力"，而更倾向于依赖"外在掌控力"。所谓"内在掌控力"，是指个体相信自己能够主宰自己的生活，拥有改变现状的勇气和能力；而"外在掌控力"则表现为个体认为自己的生活更多地受到父母、外部环境等因素的影响，缺乏自主性和主动性。

能量 加油站

有一种人，他们性格敏感且情绪化，强烈地认为自己非常重要。当这类人感觉被忽视时，他们可能会采取一些错误的方式来吸引他人的注意，比如将自己包装成一个受害者。

为了防止这种情形的出现，我们可以采取以下措施：

· 培养"内在掌控力"。从日常生活中的小事做起，鼓励自己主动做出决定。比如，今天选择穿蓝色还是红色的衣服？想要吃苹果还是梨？通过这些小的决定，逐渐建立起自我掌控的感觉。

· 行使自己的权利：那些习惯扮演受害者的孩子，往往容易放弃自己的权利。然而，放弃权利就意味着舍弃了快乐和平等的

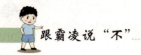
机会。我们应该学会运用自己的权利去改善生活，明白真正的快乐并不来源于他人的同情和关注，而是源自于自身的强大和自信。

· **对自己的行为负责**：与其他孩子相比，扮演受害者的孩子往往更不愿意承担责任。因此，我们需要不断鼓励自己勇于承担责任，通过实际行动来习惯并适应这种责任感。这样做不仅有助于个人成长，还能赢得他人的尊重和信任。

第四章
应对霸凌：我该反击吗

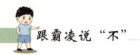
肢体霸凌：遇到欺负，勇敢又聪明地应对

　　在校园环境中，有一种霸凌行为尤为明显且直接，那就是肢体霸凌。它可能悄无声息地发生在校园的隐蔽角落、洗手间或其他不易被察觉的地方。想象一下，遭受他人推搡、殴打、抢夺财物、吐口水甚至揪扯头发的情景，这无疑令人心生恐惧。这种形式的霸凌，严重时可能给受害者带来身体上的永久性伤害。

　　面对这样的情形，单纯的恐惧是无济于事的，我们必须学会如何有效应对。接下来，通过一个小故事，我们将更深入地了解肢体霸凌，并探讨保护自己的有效策略。

小守非常聪明，当小霸王鼎鼎试图对他进行霸凌时，他敏锐地观察到鼎鼎是孤身一人且手中并无武器，于是他没有像其他同学那样选择屈服，而是勇敢地进行了还击。最终，两人在冲突中都受了伤，但鼎鼎被小守的勇气和坚决态度所震撼，从此以后，他再也不敢欺负小守了。

83

小小 分析园

在故事中，小守坚决拒绝了小霸王鼎鼎的无理要求。他并未鲁莽行事，而是深知一旦妥协，将会陷入无休止的被动局面，面对更多无理的索求。因此，在确认鼎鼎孤身一人且手上并无武器后，小守凭借着自己的勇气和智慧，果断决定进行反击。最终，他成功地化解了这场霸凌事件，保护了自己免受进一步的伤害。

当然，并非每一种肢体霸凌的情境都适合采用小守那样的直接反击方式。那么，当我们面临肢体霸凌的威胁时，需要谨慎判断。

以下是一些不应直接反击的情况：

· 当双方力量明显悬殊时，比如对方是体型较大的初中生，而你仅是一名小学生，这样的情况下直接反击是不明智的。

· 如果对方手中持有武器（如砖块、木棍、小刀等），切勿轻易反击，因为武器可能严重威胁到你的生命安全。

· 若你被多人同时进行肢体霸凌，无论他们手中是否有武器，都不建议正面反击，而应迅速寻找机会逃离现场。

· 在一些潜在危险的环境中（如天桥、天台、马路边等），即使受到霸凌，也应尽量避免反击，以免发生意外，确保自身安全。

能量 加油站

当他人对你实施肢体霸凌时，若你们身处一个安全的环境中，对方仅有一人且手无寸铁，你可以考虑采取适当的反击措施；但最佳的反击方式并非简单地以牙还牙，而是要以一种明确而有力的方式传达出"你并不好欺负"的信息。

· 在进行反击时，务必控制好反击的力度。例如，若对方揪住你的头发，且大声喝止无效，你可以同样揪住对方的头发作为回应。但重要的是，一旦对方表现出恐惧并明确表示停止行为，如说"我再也不敢揪你头发了"，你应立即停止反击，避免过度行为。

　　·反击过程中，务必注意避免攻击对方的身体要害部位，同时也要做好自我防护，保护好自己。

　　·严禁携带或使用任何武器进行反击，因为这不仅可能加剧冲突，还可能被对方利用，对你造成更严重的伤害。

　　请记住，反击的目的是为了自我保护，传达坚决的态度，而非寻求报复或伤害他人。

语言霸凌：巧妙破冰，用语言守护自我

在同学间的日常交流中，有些人会故意使用不友善或贬低他人的言辞，这种行为被称为语言霸凌。与肢体霸凌相比，语言霸凌更为普遍且容易发生。它涵盖了给同学起侮辱性外号、散布不实八卦、使用脏话、奚落以及嘲讽同学等多种行为。这些施暴者往往出于在群体中凸显自身优越感、提升社交地位的目的而采取此类行动。

对于遭受语言霸凌的同学而言，这种经历可能会给其带来极大的困扰和伤害。但值得庆幸的是，通过增强

对语言霸凌的认识，我们可以学会在遭遇此类情况时采取机智的反击策略，有效地保护自己。重要的是保持冷静和理智，用合适的方式表达不满和拒绝，同时寻求周围人的支持和帮助。

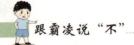

情景 小剧场

素素数学成绩不佳，最近一次考试只得了59分，因此遭到了小宇的嘲笑。她要求小宇道歉，但遭到了拒绝。于是，素素不甘示弱地反击道："你英语还考过全班唯一的0分呢，那你岂不更是个学渣？"这话一出，立即引起同学们的哄笑，从此以后，小宇再也不敢随便嘲笑素素了。

小小 分析园

在故事中，面对小宇的嘲笑，素素并未选择沉默与忍受，而是首先要求小宇道歉，这体现了她对自我价值的坚守与捍卫。当小宇拒绝道歉时，素素并未诉诸暴力或陷入无谓的争执，而是巧妙地运用了"以牙还牙，以眼还眼"的策略，通过语言进行了有力的反击。她的反击既得体又有效，以事实为依据，直指小宇的软肋，使其深刻意识自己的错误，从此再也不敢随便嘲笑他人。

这样的处理方式，不仅维护了素素的尊严，也向周围的同学传递了一个积极的信息：面对欺凌与嘲笑，应勇于发声，用智慧与勇气保护自己。

确实，一些人可能会担心运用语言进行反击会激起无休止的对骂，但实际上这种担忧往往是不必要的。适当的反击不仅能够有效减少或制止对方的不当行为，还能在一定程度上降低其他同学对你实施类似嘲笑和攻击的可能性。因此，在面对不合理的嘲笑和攻击时，采取适当的语言反击确实是一种必要的自我保护方式。重要的是，反击应当基于事实，保持冷静和理智，避免使用过于激烈或侮辱性的言辞，以免事态升级。

 能量 加油站

每个人都有自己独特的长处和短处，不论别人的学习成绩、外貌、身材、能力或是家庭背景如何，任何同学都没有权利以此为依据来嘲笑别人或给别人取外号。这样的行为，正是语言霸凌的体现。面对语言霸凌，别人有权进行反击，以守护自己的尊严和价值。

• 当一个同学对你进行语言霸凌时，正确的做法是像素素那样，首先明确告诉他这样做是不对的，并要求他道歉。如果他不予理会，你可以采取进一步的行动，用同样的方式回应他，并考虑将此事告知父母。很多时候，父母能够给予我们更多、更好的

建议和支持。

·假如面对的是多个同学的语言霸凌，你的首要任务是制止那个带头的同学，并清晰地告诉其他同学，这件事与他们无关，他们不需要参与其中。这样的做法既能有效制止带头同学的行为，也能在一定程度上减少其他同学的跟随，从而成功地保护自己。

财物霸凌：守护好自己的钱包

有一些同学会故意破坏或强行拿走他人的物品和钱财，这种行为被称为财物霸凌。例如，他们可能会恶意损坏别人的文具、在别人的衣物上涂鸦、偷窃他人的物品，或是向他人索要所谓的"保护费"。这样的行为不仅严重侵犯了被霸凌同学的财产权，还可能使他们在经济上陷入困境，进而影响到正常的生活和学习状态。

接下来，我们将通过一个小故事，共同探讨和学习如何有效应对财物霸凌。

情景 小剧场

放学后，千千在校门口偶遇小桦。小桦故意歪曲事实，声称千千欠他钱。面对这一突如其来的指控，千千并未显得慌张。他冷静地观察了四周，注意到小桦手中并无武器，于是坚定地拒绝了小桦的要求，表示自己不会交出并不存在的欠款。最终，千千的坚定态度让小桦无计可施，只好悻悻离开。

 小小 分析园

　　在故事中，小桦对千千进行了敲诈勒索和威胁，这种行为正是典型的财物霸凌。

　　面对小桦的财物霸凌，千千勇敢地表明了自己的立场：他并未欠小桦任何钱款，因此既不会给钱，也不会被其威胁所吓倒。尤为难能可贵的是，在关键时刻，千千做出了一个极为明智的决定。他严正警告小桦，若对方继续实施威胁，他将毫不犹豫地向老师和警方报告此事。这一举动果然产生了显著效果，小桦因此被震慑。由此可见，千千不仅深知自己拥有保护自己的权利，更懂得如何有效行使这一权利。

　　若小桦最终未能被千千的警告所吓退，仍执意要对千千进行语言或肢体上的霸凌，那么千千完全可以根据前文所述的方法与策略来应对，以确保自己的生命安全和财物不受侵犯。

能量 加油站

　　有些同学可能会以好朋友的名义向你借钱或借物品，却并无归还之意，这种行为同样构成了财物霸凌。面对这样的"假朋友"，我们应当坚决拒绝，因为真正的好朋友是不会只借不还的。对于这样的"坏朋友"，我们应当保持适当的距离，以免受到伤害。

　　然而，如果实施财物霸凌的同学手中持有武器，那么我们就不能像千千那样直接拒绝，以避免激怒对方，导致自己受到伤害。在这种情况下，我们应当先假装答应对方的要求，同时寻找机会脱身或向他人求助，保护自己的安全始终是首要任务。

　　另外，如果有多名同学一同对你进行财物霸凌，无论他们是毁坏你的物品还是要求你立即交出钱财，你都不应直接反抗。因为人数众多时，直接反抗很可能会激起更严重的霸凌行为。此时，你应该保持冷静，尽量记录下霸凌的证据，并在安全的情况下迅速离开现场。回家后，务必告知父母或其他可信赖的成年人，寻求他们的帮助和支持。

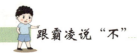

社交霸凌：重建良好的人际关系

你知道吗？在我们的校园环境中，存在着一种隐蔽而常被忽视的霸凌形式，那就是社交霸凌。它无声无息地蔓延，逐渐使被霸凌的同学在社交圈中边缘化，失去朋友和支持，最终感受到深深的孤独与无助。因此，学会及早识别社交霸凌的迹象，并果断采取适当的行动，对于维护我们的心理健康至关重要。接下来，我们将通过下面的小故事，一同探索如何有效识别和应对社交霸凌。

情景 小剧场

　　雅雅最近有些烦恼，她发现自己总是被同学有意无意地避开。在父母的提醒下，她才意识自己正遭受社交霸凌的困扰，而这一切的根源竟是许多同学误会她是小偷。为了澄清这一误会，雅雅积极采取了行动，最终真相大白，她与同学的关系也因此变得更加亲密无间。

我想澄清一件事情，我绝对没有偷小琴的手表。

那小琴的手表怎么会出现在你的课桌上？

我当时恰巧捡到了小琴的手表，正好老师叫我，我就匆匆出去了，打算回来后再处理。没想到，有同学在我的课桌上看到了手表，误以为是我偷的。

但这只是你的一面之词，你如何证明手表是你捡到的，而不是偷的呢？

你们想想，如果手表真的是我偷的，我为什么会把它放在课桌上，而不是藏起来呢？这样做岂不是在告诉大家我是小偷吗？

雅雅说的确实有道理，看来是我误会她了。

是啊，我们真的误会雅雅了，应该向她道歉！

小小 分析园

　　在故事中，雅雅起初并未意识到自己正身处社交霸凌的困境之中，她只是对同学们对她的态度变化感到困惑和烦恼。幸运的是，经过父母的细心观察和提醒，雅雅终于意识到自己的处境，并成功找到了问题的根源。她果断采取行动，及时澄清了误会，消除了同学心中的疑虑。最终，雅雅不仅恢复了与同学的友好关系，还进一步加深了彼此之间的理解和信任。

如果你也像雅雅一样，身边出现以下这些情况，那么你很可能也在遭受社交霸凌：

· 你被故意排除在社交圈子之外，比如当大家正在热烈讨论某个话题、分享考试成绩或是有趣的视频时，你试图参与进去，但同学们却有意忽视你或避开你的参与。

· 他们对你和其他人采用双重标准，对你表现出明显的敌意和恶意，而对待其他人则显得非常友好和包容。

· 他们在你背后散布关于你的谣言或八卦，这些谣言可能毫无根据，或者故意夸大其词，对你的声誉和形象造成了负面影响。

面对这些迹象，请务必保持警觉，并寻求适当的帮助和支持。

 能量 加油站

如果我们不幸像雅雅一样，因被误会而遭受了社交霸凌，那么直接而坦诚的沟通往往是解决问题的有效途径。然而，也确实存在其他情况，有些同学可能因性格内向，或是拒绝了他人不合理的要求与期望，而成为社交霸凌的目标。面对这样的情况，我们不必过于慌张，可以尝试采取以下策略来应对：

· 展现出自信的态度。自信能够帮助我们降低被社交霸凌的风险，不应让霸凌者的言论或行为轻易否定自我价值。

· 尽量与社交霸凌者保持距离。对于他们的挑衅和骚扰，选择不回应或冷静处理，这样他们往往会感到无趣而减少对你的关注。

· **积极寻找并建立支持团队。** 如果你发现周围还有其他同学也遭受了类似的霸凌，不妨与他们携手合作，共同面对挑战。一个团结的小团队不仅能为你提供力量和支持，还能让你在应对过程中感到更加安心和坚定。

请记住，在应对社交霸凌的过程中，你并不孤单。社会上有很多人和组织愿意为你提供帮助和支持。勇敢地站出来面对它，你终将赢得应有的尊重和真正的友谊。

网络霸凌：在网上也要保护好自己

随着网络的日益普及，越来越多的人倾向于在网上进行社交活动和游戏娱乐。然而，你是否意识到网络上也存在一种被称为"网络霸凌"的不良现象？这种现象涵盖了在社交平台发布诋毁他人的评论、在群聊中散播谣言、将他人的隐私信息泄露至网络、冒充他人身份进行欺诈、通过网络手段骚扰他人，甚至公开传播他

人的私密照片等，这些行为无疑会对被霸凌者的生活造成深远的负面影响。

在这个既充满乐趣又潜藏风险的网络世界中，我们每个人都应该学会如何有效地保护自己。接下来，我们将通过一个小故事，共同探索和学习如何应对网络霸凌，以确保我们在享受网络带来的便利时，也能维护好自己的安全和尊严。

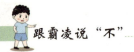

情景 小剧场

　　路路在网上分享了自己演出的照片，却不料遭到了一些匿名网友的攻击。面对这种情况，她保持了冷静，迅速"截屏"了攻击言论并进行了投诉。同时，在评论区中，她也进行了积极而理性的回应。虽然仍有一小部分人对她的分享表示不满，但更多的网友选择了站在她这一边，给予了她宝贵的支持和鼓励。有了这些来自大家的温暖和支持，路路现在更加勇敢地面对网络世界，不再害怕上网分享自己的生活点滴。

小小 分析园

在故事中，路路分享生活的美好，上传了自己演出时的照片，希望将这份快乐传递给更多人。然而，她未曾预料到，这些本应充满正能量的分享，却引来了诸多不友善的评论。这些恶意满满的留言，正是网络世界中令人痛心的"霸凌"现象。通常，躲在屏幕背后的匿名者，他们霸凌他人

的主要动机便是出于一种扭曲的"击垮别人"的快感。像路路这样优秀且外表出众的人，往往更容易成为网络霸凌的目标，承受着无形的伤害与压力。

　　幸运的是，路路展现出了非凡的坚强与智慧。她首先向父母寻求支持，并细心地将那些恶评截图保存下来，作为有力证据向网络平台进行了投诉。同时，在评论区中，她以理性的态度表达了自己的看法与立场，这种成熟与从容赢得了众多网友的认可与好感。

　　最终，通过自己的积极行动，路路不仅有效地维护了自己在网络世界的安全与尊严，更为那些同样遭受网络霸凌的人树立了榜样，展示了如何勇敢地面对并克服这一挑战。

　　相比现实生活中的霸凌，网络霸凌因其匿名性和隐蔽性，使得霸凌者更容易逃避惩罚和制裁，因此他们的言行往往更加肆无忌惮。因此，在上网时，我们务必掌握一些有效的自我保护方法：

　　·守护你的小秘密：在网络上，切勿随意透露你的 Wi-Fi 密码和社交媒体密码，以防个人信息被盗用。

　　·学会“隐身术”：在使用社交软件或玩游戏时，务必了解并妥善设置隐私选项，确保你的个人空间得到妥善保护，避免被他人窥探。

　　·不与“喷子”争执：若遭遇网络喷子的攻击，即使你心中已有千言万语想要反驳，也请保持冷静，避免与他们陷入无休止的争吵。“喷子”的报复心理往往很强，与他们纠缠只会让你心情低落。

· **保留证据是关键**：遇到他人造谣或诋毁你的情况时，务必及时截图保存相关证据。这样在需要投诉或维权时，你将有充分的证据支持自己的维权行为。

· **与父母保持沟通**：让你的父母了解你在网上的活动情况，

并与他们保持密切的沟通。如果遇到任何让你感到不安或不舒服的事情，一定要及时告诉父母，他们会是你最坚实的后盾，给予你帮助和支持。

第五章
他人的力量：遭受霸凌了，怎么求助

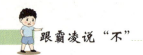
被霸凌后寻求帮助，是软弱的表现吗

你能相信吗？在我们的校园生活中，竟然有64%的学生在被霸凌后没有告诉其他人，其中一个很重要的原因就是他们觉得被霸凌是一件羞耻的事情。

很多人被霸凌时，会担心辜负了父母的期望，害怕被认为懦弱或开不起玩笑。所以，他们宁愿自己忍受痛苦，也不愿意说出来。

这种担心虽然可以理解，但它并不正确。你应该相信，无论发生什么事情，父母在你身后，是你坚实的后盾。他们会保护你，帮你摆脱霸凌。

　　阳阳被两名同学肢体霸凌，却不敢告诉父母和老师。小阮知道后，鼓励他勇敢地站出来说出来。在小阮的支持下，阳阳终于鼓起勇气告诉了父母和老师。他们听后非常重视，积极采取措施帮助阳阳解决霸凌问题，最终使阳阳重新找回了生活的平静和自信。

 小小 分析园

在故事中，阳阳在小阮的鼓励下，决定将自己被霸凌的遭遇告诉父母和老师。这一勇敢的行为最终成为他摆脱霸凌困境的关键。许多同学在面对霸凌时，由于担心被他人知晓会带来羞辱感，因此当霸凌者威胁他们 "不许告诉别人" 时，他们往往选择默默忍受和保持沉默。然而，事实上，绝大多数人并不会因为你被霸凌而轻视你。即便有少数人持有偏见，你也应当明确告诉他们，被霸凌绝非你的过错，无需为此感到羞耻。

当我们遭受霸凌且自身无力解决时，及时寻求帮助是明智且必要的选择。这并非软弱的表现，而是对自己身心健康的负责态度。真正勇敢的人，会在面对霸凌时勇于站出来，主动寻

我不再害怕你们了，因为我懂得了向外界寻求帮助，我明白了被霸凌而求助不是一件羞耻的事。

求支持，而不是被恐惧和威胁所束缚。他们明白，只有通过团结和合作，才能有效对抗霸凌，保护自己和他人的权益。

能量 加油站

霸凌者往往因为心虚和害怕，才会威胁你不要将他们的行为告诉父母和老师。因此，你不应害怕他们的恐吓，在遭受任何形式的霸凌时，都应勇敢地将自己的遭遇告诉父母或老师。这是一种非常明智的行为，也是摆脱霸凌、保护自己权益的正确途径。

当你遇到肢体霸凌、财物霸凌等严重情况，特别是对方人数众多或持有武器，并威胁你保密时，出于安全第一的考虑，你可以先暂时假装答应他们。但回到家后，务必立即将此事告知父母和老师，让他们能够为你提供必要的帮助和保护。

同样地，如果你遭遇的是社交霸凌、语言霸凌或心理霸凌等较为隐蔽的形式，无论你当时是否有能力反击，回家后都应如实告诉父母。他们会成为你坚实的后盾，为你提供更多有益的建议和支持，帮助你走出困境。

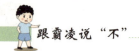

旁观者效应：唤醒围观者的力量

你知道"旁观者效应"吗？这个效应有一个有趣的名字，叫作责任分散。在校园里，如果有同学遭受了霸凌，而围观的同学越多，他们各自感受到的责任感往往会越小。

比如，当只有一个同学目睹霸凌事件时，他可能会认为"自己有责任去帮助被霸凌的同学"。但如果有十个同学同时围观，他们中的每个人可能会想："我只是这十个同学中的一个，还有九个人呢，也许他们会去帮忙的。"于是，大家都抱着这样的心态，不急于采取行动，最终导致被霸凌的同学得不到及时的援助。

然而，如果我们能掌握有效的方法，唤醒围观者的力量，就能减少"旁观者效应"的发生。接下来，我们将通过一个小故事，来探讨如何唤醒围观者的力量，共同制止霸凌行为。

贝贝被一些同学评为"丑女榜"的第一名，并因此遭到了嘲笑。她冷静地询问若若和班长，是否也认为她难看。若若没有正面回答，但正义的班长坚定地说："我不觉得。"其他同学听到后，也纷纷站出来为贝贝解围，从此以后，再也没有人嘲笑贝贝了。

小小 分析园

　　在故事中，嘲笑贝贝的同学无疑是霸凌者，贝贝则是无辜的被霸凌者，而若若、班长以及其他同学则扮演了旁观者的角色。当贝贝面对嘲笑，她向若若询问是否也认为她长得不好看。实际上，贝贝的提问并非真的寻求答案，而是期望能有旁观者勇敢地站出来为她发声。

　　然而，胆小的若若并未能及时伸出援手，她内心可能有复杂

的思绪，比如担忧自己介入后也会成为被嘲笑的对象，或是害怕与霸凌者产生冲突。这些顾虑让她在那一刻选择了沉默。

- 贝贝真的需要我帮忙吗？

- 如果我帮助了贝贝，我会不会也变成新的被霸凌对象？

- 这么多旁观的同学，为什么偏偏要我一个人来帮忙呢？

若若的这些心理活动，实际上反映了大多数旁观者在面对类似情况时的犹豫和顾虑。幸运的是，贝贝展现出了敏锐的洞察力，她迅速转向了充满正义感、有责任心的班长。这次，她选对了人。与若若的回避态度截然不同，班长勇敢地站了出来，在同学面前坚决地维护了贝贝的尊严。有了班长的带头示范，其他同学也纷纷效仿，站出来为贝贝解围。

贝贝的这一举动，不仅成功地唤醒了旁观者的力量，还向所有人传递了一个明确的信息：她并不是一个可以随便欺负的对象。这样的勇气和智慧，值得我们每个人学习和借鉴。

当我们遭受霸凌时，许多旁观者可能会因为恐惧、不确定我们是否真的需要帮助，或是其他种种原因而选择不采取行动。然而，我们可以采取策略，设法让旁观者参与进来，成为我们抵抗霸凌的重要支持力量。

首先，我们需要选择一个最有可能提供帮助的旁观者。这个旁观者应当像故事中的班长那样，具备高度的道德感和责任感，

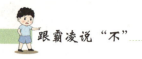

同时足够强大，在同学中享有良好的声誉和受欢迎度。

接着，我们需要巧妙地引导这个旁观者"挺身而出"。如果你正遭受语言霸凌，可以像贝贝那样，通过提问或求助的方式，让他主动为你解围。如果你面临的是肢体霸凌，你可以直视他的眼睛，用期盼和求助的眼神向他发出信号，让他意识到你的困境，并感受到帮助你的紧迫性。如果他仍然犹豫不决，你可以巧妙地提醒他，如果他选择不帮忙，

那么他就与霸凌者站在了同一边，这样的提醒可能会激发他的愧疚感，从而促使他更愿意伸出援手。

一旦有一个旁观者勇敢地站出来帮忙，往往会迅速产生连锁反应，吸引更多的旁观者加入进来。通常，这样的转变可能只需要短短的十秒钟时间，霸凌行为就能被有效地制止。因此，我们应该积极寻求并激发旁观者的力量，共同营造一个没有霸凌的校园环境。

不要瞒着父母

　　当我们遇到霸凌时，无论是否能独自应对，都不应瞒着父母。因为父母经历的事情比我们多，考虑事情会比我们更周全。他们不仅会支持我们、安慰我们，帮助我们缓解压力和恐惧，他们还有能力和资源找到更妥帖、更见效的方法来应对霸凌。比如，找到法律专家、校方或霸凌者的家长来帮助我们解决霸凌问题，或者找医生、心理咨询师治疗我们受到的伤害。

　　接下来，让我们一起阅读下面的故事，看看父母在类似情况下能为我们做些什么吧！

117

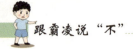

　　泽泽的衣服经常被同学乱涂乱画，他将这件事告诉了父母。父母先是表扬了他求助的行为，然后带着他来到学校，与霸凌者的家长进行沟通。同时，泽泽的父母还请邻居的哥哥在学校关照泽泽。在全家的共同努力下，泽泽最终摆脱了霸凌的困扰。

小小 **分析园**

　　故事中，泽泽在遭受霸凌后，勇敢地站了出来，将自己的遭遇告诉了父母。父母及时表扬了泽泽，肯定了他没有隐瞒、积极向父母寻求帮助的行为。这一举动极大地增强了泽泽的自尊心和自信心。从父母的表扬中，泽泽感受到了自己的行为是被认可和赞赏的，这进一步激发了他解决霸凌问题的决心。

　　而泽泽的父母，他们的爱不仅体现在言语的慰藉上，更通过实际行动来展现——他们主动与校方及霸凌者的家长沟通，共同构建了一道坚实的防线；同时，还贴心

地安排了邻居哥哥在学校关照泽泽，为他营造了一个更加安全、安心的学习生活环境。这些举措有效地缓解了泽泽的心理压力，不仅帮助他成功摆脱了霸凌的阴影，还让他变得更加开朗和自信。

遇到霸凌时，及时告诉父母可以更早地让问题暴露出来，避免事态的进一步升级。以下是一些跟父母沟通的方法和小建议：

· 首先，找一个你感觉舒适、没有外界干扰的时机和地点与父母交谈。确保环境能够让你放松，专注于表达自己的感受。

· 其次，提前想好要跟父母表达的内容，包括霸凌发生的时间、地点、涉及的同学以及你的具体感受。清晰、有条理地表达能够帮助父母更好地了解情况。

· 告诉父母后，给他们一些时间来理解和反应。他们可能会感到震惊、愤怒或伤心，但请记住，这些反应都是出于对你的深切关心。给予他们一定的空间和时间来处理这些情绪。

· 最后，与父母一起讨论并制订一个解决方案。这可以包括如何与学校沟通、如何记录证据、是否需要寻求法律援助或其他专业帮助等。共同协作，找到最适合的应对方式。

那么作为父母，当听到孩子说他遇到了校园霸凌时，可以怎么做呢？以下也有一些小建议：

· 认真聆听孩子的声音

不论孩子是否已经通过自己的努力解决了校园霸凌问题，当他向父母倾诉时，父母首先需要做的就是聆听。无论多忙，都应暂时放下手中的事务，全心全意地倾听孩子的声音，并温柔地告诉他："你说吧，爸爸/妈妈在认真听呢。"在倾听的过程中，不要

打断孩子的话，也不要轻易否定他的感受，而是要给予他充分的肯定和支持。

> · 告诉孩子你理解他的感受

当孩子讲述完自己的经历后，父母可以这样说："谢谢你信任我，将这件事情告诉我。我知道你因为这件事感到很难过，但是你的勇敢让我很骄傲，你做得很好。"这样的回应能够让孩子感受到父母的理解和支持。

如果孩子已经解决了霸凌问题，父母可以鼓励他："你做得非常棒！但以后遇到类似情况，还是希望你能第一时间告诉爸爸妈妈，我们会不顾一切地保护你。"如果孩子仍在遭受霸凌，父母则应告诉他："这不是小事，如果不及时采取措施，他们可能会继续伤害你。我们必须一起想办法，一次性彻底解决这个问题。"

· 制订解决方案

根据霸凌的具体情况，父母应与孩子共同商量解决方案。父母可以教给孩子一些应对霸凌的方法和技巧。如果孩子无法独自应对，父母应立即与学校联系，将孩子的遭遇告知老师。在与老师沟通时，要明确表达自己的态度和立场，因为父母的态度和立场将直接影响事件的处理结果。

如果学校老师的介入未能有效解决问题，父母可以考虑通过老师约见霸凌者的家长进行谈判。在谈判过程中，态度应坚定而强硬，以维护孩子的权益。如果父母认为自己能够保持强硬态度，可以带着孩子一同前往沟通，让对方也带上孩子。但如果父母担心自己的性格过于温和，可能无法做到强硬，那么最好避免带孩子参与谈判，以免给孩子带来额外的心理负担。

· 安抚孩子

谈判结束后，父母别忘了给孩子一个温暖的拥抱或微笑，并告诉他："宝贝，这不是你的错。面对欺凌时，勇敢地保护自己是我们最正确的选择。"这样的表达既能给予孩子安慰，又能强调自我保护的重要性。

争取学校的支持

遇到校园霸凌时，我们不仅可以唤醒旁观者的力量，在必要的时候，还可以争取学校的支持，让学校成为我们坚实的后盾。这样，我们就能更有效地保护自己，在校园里享受快乐的生活和学习了。

那么，我们应该如何争取学校的支持呢？接下来，我们就一起来了解一下吧！

情景 小剧场

最近，梨梨很困扰。有两名同学见到她就对她吐口水，还抢她的东西。梨梨的爸爸知道后，决定和梨梨一起去学校，将这件事告诉了老师。老师和学校都很重视，很快处理了这件事，让梨梨的校园生活安全得到了保障。

小小 分析园

在故事中，梨梨遭受了两名同学的恶意对待。她们对她吐口水，还抢她的东西，这些行为严重侵犯了梨梨的尊严和财产权，给她带来了极大的伤害。欣慰的是，当梨梨的爸爸得知女儿的遭遇后，毫不犹豫地站在梨梨一边，决定和她一起面对这个问题。

他们一同前往学校，将梨梨的遭遇详细地告诉了老师。校方和老师得知此事后，给予了高度重视，并迅速采取了一系列行动。通过多方努力和协调，他们成功地帮助梨梨解决了霸凌问题。校方和老师的这种做法，不仅让梨梨深切感受到了他们对自己的

关心和重视，也为她营造了一个更加安全、友好的学习环境。

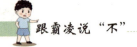

 能量 加油站

在遇到自己难以解决的霸凌问题时，争取学校的支持是至关重要的。如果你也遭遇了像梨梨一样的困境，可以尝试以下做法：

· **找学校的相关人员沟通。**你可以独自前往，或与家长一同找班主任、辅导员或校长进行交流，明确告知他们，你正在遭受霸凌。务必详细提供霸凌发生的时间、地点，以及是初次还是多次遭遇，还有涉及哪些人等关键信息。这些信息对于学校评估问题的严重性并采取相应措施至关重要。

· **了解学校的处理流程。**学校通常会有一套完善的霸凌处理机制，包括确认事件真实性、收集证据、为你提供保护以及让霸凌者受到应

> 喂，张老师好，请问梨梨的事情，学校处理得怎么样了？

有惩罚等步骤。了解这些流程，可以帮助你更好地掌握事态发展，增强对解决问题的信心。

遭受霸凌了，可以报警吗

"我遇到了校园霸凌，可以报警吗？"这是许多同学都曾提出过的疑问。无须犹豫，答案是：当然可以！

报警是我们每个人的合法权益，也是我们获得法律保护的重要途径。只要我们选择报警，警方就会根据具体情况来协助我们解决问题，确保我们的安全。

接下来，让我们通过一个故事，来了解在什么情况下应当报警，以及在报警后需要注意哪些事项。

小然被三名同学殴打。他很聪明，迅速跑到一个人多的地方，并在路人的建议下果断报了警。警察叔叔接到报警电话后，迅速赶到现场，将小然安全护送回家。随后，他们根据法律法规，对这起霸凌事件进行了妥善处理。

小小 分析园

在故事中，小然被三名同学恶意殴打。他很聪明，迅速跑到人多的地方求助。果然，他的行为迅速引起了路人的注意，其中一名好心路人关切地询问他发生了什么事情。好心路人向小然建议，如果感到安全受到威胁，报警是一个很好的自我保护方法。小然听从了他的建议，决定立即报警。

在校园生活中，如果我们遇到了以下情况，都应当及时报警：

· 当遇到危险的肢体霸凌时，比如对方人数众多，或持有武器，又或暴力行为持续且不断升级，那么应立即拨打110报警电话！

· 当身体受到伤害、精神遭受创伤，或面临持续的威胁与恐吓时，同样应果断报警。

请不要犹豫，也不要担心报警可能带来的后果。要坚信，警察叔叔会全力保护我们的安全。

 能量 加油站

报警能让警察叔叔迅速了解我们的危险处境，并让他们通过法律途径来保护我们。在报警时，我们需要牢记以下几点：

· 在电话中，清晰地告诉警察叔叔你目前所在的位置、你的年龄以及具体发生了什么事情。

· 让警察叔叔详细做好笔录，务必提供霸凌者的准确信息，如他们的名字、所在班级及班主任的姓名。如果你知道霸凌者的家庭住址或他们父母的信息，也请一并提供给警察叔叔。

· 尝试收集一些证据来支持你的报案，这些证据可以包括受伤的照片、医院的病历和检查报告、被欺负的视频记录、相关的聊天记录或是目击者的证言。

此外，如果警察叔叔认为有必要，他们可能会要求霸凌者的家长签署一份保证书，承诺未来不再对你进行欺负；但要注意，这通常是处理过程中的一部分，具体会根据实际情况而定。

第六章
凤凰涅槃：走出被霸凌的阴影，重塑自我

唤醒内心的力量

你听说过化茧成蝶的故事吗？蝴蝶正是经历了痛苦的蜕变，才变得如此美丽，并拥有了飞翔的能力。其实，我们人类也是一样。在人生的旅途中，我们难免会遇到许多挫折，而霸凌可能就是其中之一。面对这样的困境，如果我们能像蝴蝶那样，勇敢地唤醒内心的力量，我们就能够不断成长，变得更加坚强。

接下来，让我们一同来学习，如何在遭遇霸凌时倾听自己内心的声音，唤醒那份潜在的力量，从而以更加积极的姿态去面对生活中的每一个挑战。

　　青青遭遇了语言霸凌，他立刻运用了之前学到的方法来应对，使得对方不敢再随便欺负他。尽管如此，青青的心中还是充满了难过与委屈。妈妈得知后，温柔地告诉他，这是面对伤害时正常的情绪反应，关键是要学会找到并依靠自己内心的力量，这样才能在逆境中成长和进步。

 小小 分析园

在故事中，青青在遭受霸凌时，虽然成功地运用了正确的方法反击，使对方不敢再随便欺负他，但他仍然对自己产生了怀疑。这种情感反应是完全正常的。因为在我们与他人的互动过程中，无论是友好的聊天，还是激烈的争执，都会建立起一定的情感联系。他人的言行，尤其是负面的，往往会在我们的内心留下深刻

的印记，影响我们的自我认知和情绪状态。因此，青青在经历这样的困境后，感到困惑和不安是完全可以理解的。

在妈妈的悉心引导下，青青开始静下心来，仔细倾听自己内心的声音。她逐渐发现了自己的优点和闪光点，这让她重新找回了自信。这个过程就像是一面镜子，让青青能够清晰地看到自己，重新认识并接纳自己。

最终，青青从内心深处汲取到了强大的力量，她成功地摆脱了被霸凌的阴影，成为了一个更加坚强、自信的人。这段经历不仅让她变得更加成熟，也为她未来的成长奠定了坚实的基础。

遇到霸凌时，我们还可以尝试以下方法来唤醒内心的力量，让自己成为破茧的蝴蝶：

· 找一张纸，写下自己所有的优点和做过的了不起的事情，并告诉自己："霸凌者说的话都不是真的，纸上的这些美好的描述才是真实的我。"

· 每天清晨，站在镜子前，用坚定的眼神看着自己，说一句鼓励自己的话，比如"我是一个值得被尊重的人"或者"我能克服眼前的困难"。

· 如果心里冒出了消极的念头，比如"我数学很难及格"，就立即用积极的话语来替换它，比如"我可以试试每天多花一些时

间学数学，相信通过努力我能及格的。"

· 准备一个成长日记本，记录下你每一点每一滴的进步和成就。每当回顾时，别忘了给自己一个大大的赞，以此来肯定和鼓励自己。

提高社交技能

　　"我被霸凌过，这导致我很害怕社交，担心再次被群体排斥。"这种感受在每一位遭受过霸凌的同学中都很普遍，它反映了人们对于再次受伤的担忧，这是非常正常的情感反应。然而，如果我们不积极面对并努力克服这种恐惧，它很可能会加剧我们当前的困境，并对未来的生活产生长远的负面影响。

　　因此，当我们遭遇霸凌后，更应鼓起勇气主动迈出社交的步伐，并不断提升自己的社交技能。这包括学习如何巧妙地与人展开对话，如何更加自信地表达自己，以及尝试融入不同的集体。通过这些努力，我们不仅能逐渐克服内心的恐惧，还能在生活中找到更多的乐趣和归属感，为自己的未来铺设一条更加宽广的道路。

情景　小剧场

　　梅梅拒绝借铅笔给吉吉，没想到却遭到了吉吉的社交霸凌。这让她对社交产生了深深的恐惧，害怕再次受到伤害。然而，梅梅很快意识到，如果继续这样下去，她的朋友圈子只会越来越小，生活也会变得更加孤独。于是，她决定采取行动，开始学习社交技能，交到了许多新朋友。梅梅用自己的行动证明了，面对困难和挑战时，勇敢地迈出改变的一步，是走向更加美好未来的关键。

小小 分析园

在故事中，梅梅因为一次简单的拒绝——没有将铅笔借给吉吉，却意外地遭遇了吉吉的社交霸凌。这种不愉快的经历让梅梅开始害怕社交，她的恐惧和社交退缩成为了许多遭遇过霸凌的同学共有的心理反应。然而，梅梅并未长久地沉溺于这种消极情绪之中，她经历了一段深刻的自我反思后，迎来了一个重要的觉醒时刻。她意识到，如果继续这样下去，自己的朋友圈子将会越来越狭窄。这一自我觉醒，如同清晨的第一缕阳光，驱散了心灵的阴霾，彻底改变了梅梅的心境。

我需要学习更多的社交技巧，帮助自己重新融入集体。

为了扭转现状，梅梅决定积极行动，她开始努力学习社交技能。通过不断的学习和实践，她不仅显著地提升了自己的社交能力，还成功地结交了许多新朋友。梅梅的成长和变化，不仅让她个人的社交环境变得更加积极和谐，也对周围的人产生了正面的影响。吉吉见状，再也不敢对梅梅实施霸凌行为了。

能量 加油站

从这个故事里，我们可以明白一个道理：当我们遭遇霸凌时，如果能学习并提升自己的社交技能，不仅可以更好地保护自己，还能显著改善自己的社交环境。以下是一些提升社交能力的方法：

· 主动与别人说话、打招呼，展现出你对他们的关心和友好，比如："你好呀，我叫梅梅，请问你需要找什么书吗？或许我可以帮你一起找。"

· 练习在社交场合中分享自己的经历和兴趣。比如，梅梅可以向那些对她有误解的同学解释："我新买的铅笔和橡皮是爸爸出差时特意给我买的礼物，对我来说很有意义。吉吉之前借了我的东西没有归还，而且这不是第一次了，所以我决定不再借给她。没想到这让她误会了我，不再跟我玩。希望你们能理解我的立场。"通过这样真诚的分享，同学们会更了解梅梅，也更容易与她建立友谊。

· 当同学与你分享他们的经历和兴趣时，要耐心倾听，并给予礼貌和积极的回应。这样会让对方感受到你的重视和关心，从而加深彼此之间的了解和友谊。

· 如果你和某个同学在某个问题上有不同的意见，记得在尊重对方的前提下，温和地表达自己的想法。这样可以促进双方的沟通和理解，避免不必要的争执和冲突。

· 多参加兴趣小组、社区活动或志愿者服务等。这些活动不仅能让你结识更多志同道合的人，还能拓宽你的社交圈子。在与不同背景的人交往中，你会更容易找到那些与你性格相投、适合做朋友的人；同时，如果你遇到了像吉吉这样不讲道理、喜欢霸凌的人，也能及时察觉并采取措施保护自己，避免未来的麻烦。

以运动改善性格弱点

　　运动能让我们的身体变得更强壮、更健康，同时赋予我们更充沛的活力。不仅如此，长期坚持运动还能显著改善我们的性格特质，帮助我们克服性格上的弱点。多项研究表明，坚持运动的同学相比以前，意志力会更加坚定，性格也会变得更加坚韧不拔，自信心也会得到显著提升。这些积极的性格变化，都能有效增强我们应对霸凌等挑战的能力。

　　接下来，让我们一起阅读下面的小故事，了解哪些性格特征的同学更需要通过运动来激发自己的潜能吧！

　　小柏原本身材瘦弱，经常受到班里的小霸王壮壮的欺负。为了改变这一状况，他决定每天跑步，以此来强身健体。经过几个月的坚持，小柏的身体逐渐变得强壮了许多；同时，他的性格也变得更加自信和勇敢。当壮壮再次试图挑衅他时，小柏已经能够坦然面对，不再像以前那样心生畏惧。

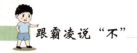

 小小 分析园

　　在故事中，小柏为了自我保护，毅然踏上了锻炼身体的道路。这一过程中，他不仅身体逐渐变得强壮，更重要的是，他找回了久违的自信和勇气，彻底告别了那个曾经软弱、胆小的自己。这一显著的转变，最终使他成功摆脱了壮壮的霸凌。

　　如果你也发现自己与以前的小柏有着相似的性格特点，比如：

· 感觉自己胆小软弱，遇到事情时容易害怕和惊慌；

- 缺乏自信，过分在意他人对自己的评价和看法；

- 容易感到紧张或不安，面对困难时容易选择放弃；

- 学习或生活压力大，常常处于紧绷和焦虑的状态。

那么，不妨像小柏一样，勇敢地迈出运动的第一步吧！通过运动，你不仅能够改善身体状况，增强体质，更重要的是，它能帮助你逐渐克服内心的恐惧和不安，找回那份属于自己的自信和勇气。

 能量 加油站

运动确实是改善我们性格弱点的一个科学且有效的方法，它就像一道坚固的屏障，能够保护我们，显著降低被霸凌的风险。

- 首先，选择适合自己的运动或项目至关重要，比如跑步、跳绳、爬山、跆拳道等，根据个

人兴趣和身体条件来决定。

· 接着，制订一个合理的运动计划是关键。这个计划应该基于你的时间安排和身体状况，明确每次运动的时间和运动强度，以确保既能达到锻炼效果，又不会过度劳累。

· 然后，开始执行计划并持之以恒。请记住，运动改善性格是一个需要时间和耐心的过程。即使遇到困难和挫折，也不要轻易放弃。坚持下去，你会发现自己的性格正在悄然发生变化。

· 如果你有兴趣，还可以考虑学习一些防身术，如武术、柔术等。这样，在遭遇潜在威胁时，你将更有信心和安全感去应对。

重塑自我：一个全新的开始

　　此时，如果你已经掌握了书中所有应对霸凌的方法，那么恭喜你，你已经发生了蜕变，变得与以往截然不同。可以勇敢面对霸凌的你，将会成长为一个更加坚强、更加优秀的人。你的内心将因此变得更加坚韧，你的人生也将因此收获一个全新的自己。

　　接下来，让我们一同走进下面的小故事，见证这位战胜霸凌的小勇士是如何在挑战中蜕变，绽放出耀眼的光芒的吧！

情景 小剧场

奇奇曾不幸遭遇一群同学的肢体霸凌，但他没有因此消沉下去，反而以积极的态度面对困境，并最终摆脱了霸凌的阴影。为了回馈社会，他开始积极参与反霸凌活动，用自己的亲身经历去鼓励和帮助那些同样遭受霸凌的同学，为他们带去希望和力量。奇奇的故事激励着每一个人，让我们相信无论遇到多大的困难，只要勇敢面对，就能找到属于自己的光明之路。

小小 分析园

在故事中，奇奇在遭遇霸凌之后，积极寻求帮助，并奋力挣脱了阴霾的笼罩，最终变得更加坚强不屈。尤为可贵的是，在历经这番磨难后，奇奇深刻意识到自己的经历能够转化为一种强大的正能量，用以鼓舞和帮助那些同样在霸凌阴影下挣扎的同学。

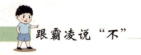

于是，他毅然投身于反霸凌活动之中，用自己的亲身经历去激励其他同学，为他们带去希望与力量。

奇奇，从一名霸凌的受害者，蜕变成为一位勇敢的反霸凌倡导者，他的成长轨迹清晰而显著。奇奇的故事深刻地告诉我们：面对霸凌，我们无须恐惧，只要我们保持积极的心态，勇于应对，就一定能够走出困境，实现自我超越，成长为一个更加优秀、更加坚韧的自己。

 能量 加油站

霸凌虽然会给我们带来深重的伤害，但它同样也可能成为一个转折点，一个促使我们变得更加强大的契机。一旦我们决定勇

敢地面对霸凌，就已经迈出了蜕变与成长的重要一步。如果你或者你身边的同学正遭受霸凌的困扰，不妨借鉴书中的方法，坚定地应对挑战。相信你们也能像奇奇那样，将挫折转化为成长的阶梯，变得更加坚韧不拔，最终彻底战胜霸凌。请铭记，无论遭遇多大的困难，不好的事情终将成为过去，而前方等待你们的，必将是一个全新的、充满希望的美好开始！